U0892395

四面一体裁判法

法官裁判思维与方法

安建须/著

法律出版社 LAW PRESS·CHINA
北京

图书在版编目(CIP)数据

四面一体裁判法：法官裁判思维与方法／安建须著
. -- 北京：法律出版社，2021(2022.1 重印)
ISBN 978－7－5197－5897－4

Ⅰ. ①四… Ⅱ. ①安… Ⅲ. ①审判－案例－中国
Ⅳ. ①D925.05

中国版本图书馆 CIP 数据核字(2021)第 180536 号

四面一体裁判法
——法官裁判思维与方法
SIMIAN YITI CAIPANFA
—FAGUAN CAIPAN SIWEI YU FANGFA

安建须 著

策划编辑 陈 妮
责任编辑 陈 妮 黄 筝
装帧设计 马 帅

出版发行 法律出版社
编辑统筹 法治与经济出版分社
责任校对 晁明慧
责任印制 吕亚莉
经　　销 新华书店
开本 710 毫米×1000 毫米 1/16
印张 15.5 **字数** 189 千
版本 2021 年 10 月第 1 版
印次 2022 年 1 月第 2 次印刷
印刷 天津嘉恒印务有限公司

地址:北京市丰台区莲花池西里 7 号(100073)
网址:www.lawpress.com.cn
投稿邮箱:info@lawpress.com.cn
举报盗版邮箱:jbwq@lawpress.com.cn
销售电话:010－83938349
客服电话:010－83938350
咨询电话:010－63939796
版权所有·侵权必究

书号:ISBN 978－7－5197－5897－4
定价:98.00 元
凡购买本社图书,如有印装错误,我社负责退换。电话:010－83938349

作者简介

安建须

武汉大学民商法博士。曾任广东省佛山市中级人民法院资深民商事审判法官、民三庭副庭长。现专职从事民商事疑难案件裁判方法及诉讼方案制定研究。

主要研究方向为民商事案件裁判方法及法律适用。在《人民法院报》《法律适用》《当代法学》等期刊发表论文多篇。开设个人公众号“法是安见”。

序　一

当今时代,裁判过程已不再是简单的与法条相比对的过程,而是有着复杂的机制和过程,疑难复杂案件的裁判尤其如此。裁判既需要哲学、理念和智慧,又需要技术、方法和技巧。所谓疑难案件造就杰出法官,而彪炳史册的经典裁判,总是出自法官中的杰出者。正是由于裁判本身的精深复杂,对裁判方法的探索历来为司法和法理所青睐。如今我国对裁判方法的研究成就斐然,既大大推进了司法裁判的规范化进程,又展现了司法裁判的进步和发展。

安建须博士曾长期执裁判之牛耳,活跃于民商事审判前沿。其既精研裁判的法理,又身体力行,在司法耕耘中颇有心得并笔耕不辍。现十年磨一剑,撰写本书,可喜可贺。

本书将裁判方法归结为"四面一体",即法理、利益衡量、法律规定、价值导向构成裁判的四个层面,而四者又统一于"法律适用之机体"。易言之,在案件裁判过程中,法官须从法理、利益衡量、法律规定、价值导向四个层面,对预设的或经初步推理的裁判结论展开深入分析和比较，再予以归纳综合，最终确定案件裁判结论。本书对"四面一体"的各个层面和结合机制进行了精深探讨。同时，本书在归纳和评判机械司法型、感性司法型和立法研究型三种裁判思维模式的基础上，提出并论证了崇法型裁判思维模式。见解新意迭出，值得称赞。

本书融理念与方法于一体，集法理分析与实务操作于一身，资料翔实，论证严谨，特色鲜明，独树一帜，称得上是裁判方法研究的一部力作，对于司法实务尤其具有参考价值。有感于安建须博士的潜心向学、孜孜以求，故乐为之序。

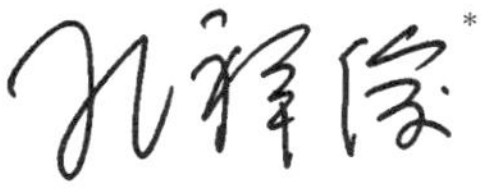[*]

2021 年 6 月 8 日

---

* 上海交通大学凯原法学院院长、讲席教授、博士研究生导师，法学博士。

序　二

徒法不能以自行,一个国家完备有效的法制体系固然离不开系统完善的立法,但也同样不能缺少正确恰当的法律适用。甚至于,由于社会每天都在变化,立法不可避免地有一定的滞后,如何准确地适用法律以应对各种新生事物带来的挑战,历来为法学方法论大师们所关注。

本书便是从法官裁判思维的角度,在法律适用方面所作的尝试。它既是安建须博士十几年法官生涯的心得凝聚,也是他在长期的审判工作中有意识地深研理论并将理论与实践相结合取得的成果。

书中首先对司法实践中几种常见的裁判思维模式进行了分析辩证,指出在具体情形下,机械司法型、感性司法型以及立法研究型的裁判思维模式可能导致的错位,在此基础上,安建须博士提出了崇法型裁判思维模式。

崇法型裁判思维模式的最大亮点是其主张的法律适用观。即坚信法律能解决问题;坚信在现有的法律框架下一定能找到妥当的方案解决问题;坚信如果裁判结论背离伦理常情或社会正义公平,则一定是法官适用法律时出了错,应重新思考推敲裁判方案。一位站在审判实践最前沿的法官能掷地有声地提出这个主张,需要的不仅是勇气,而且是信念、耐心、扎实的理论功底及忘我的工作态度和坚持不懈的努力。

关于第一个坚信,我想应该也是每一个法律工作者的心声。不过对此"法"究竟何指,却未必有共识。它是指实然的法,还是应然的法?持后一种答案的人,实际上未必相信现行法律能解决所有问题,所以他们的"坚信"是打了折扣的。

与之相应,对于第二个坚信,可能有相当一部分人会有所动摇。我们时常听闻现行法对某个问题缺乏具体规定从而无法可依的提法,于是有学者们开始提出各种完善建议。但法官们呢?他们必须在现有法律框架内寻求"答案"。

第三个坚信则进一步深化,它把法律和伦理常情、社会公平正义相结合,关注法律在个案审判中的社会效果,不仅凸显了法律的正义形象,更使前两个坚信具有了厚实坚定的基础。

本书不止提出了一种观点,还具体地对这种裁判法进行了解析,指出法官审理案件,应该从法理层面、利益衡量层面、法律依据层面以及价值导向层面对案件进行剖析,把注释法学、利益法学和价值法学有机地结合在一起。这对于《民法典》颁布实施后的民事审判具有特别重要的意义。因为无论法典的内容如何完善,其实施效果取决于正确的法律适用。所以,回到本序言开篇的话:徒法不能以自行。还有很多的工作等着我们。

是为序。

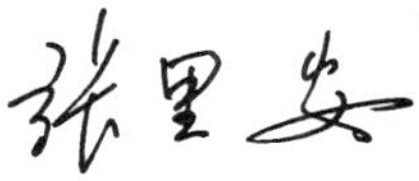 *

2021 年 5 月于珞珈山

* 原武汉大学法学院教授、博士研究生导师，法学博士。

前　言

这是一本写给法官的书,面对民商争议,法官需要将法理、法律、利益衡量、价值导向与社会伦理常情、正义公平有机统一于法律适用过程中。

这是一本阐释如何破解民商事疑难案件裁判的书。面对疑难,指引法官在现有法律体系内寻求最妥当的裁判方案。

这是一本有效涤除机械司法、感性司法、立法研究型司法,推崇崇法型裁判思维模式及裁判方法的法律适用的书。

这是一本“上通法理”——鲜活揭示民商法法理在案件裁判中的精准运用,“下接地气”——妥当解决实际问题且价值导向积极向上,“中靠法律”——实证演绎民商事争议的妥当解决,必应、必能、必须以现行法源为依据的书。

这亦是一本写给律师的书,面对民商疑难案件,律师只有洞悉法官的裁判思维模式,才能制定出最妥当的诉讼方案。

检视当前司法裁判现状,一方面,机械司法顽存——不少裁判结论与社会伦理常情、正义公平相左;感性司法盛行——法官依其情感倾向任性裁判；立法研究型裁判思维时有发生——质疑现行法律，忽略法律适用作为裁判技艺的独立价值。另一方面，不少法官对其应有的裁判思维模式模糊不清，不庄敬现行法律规定，从而迷失于如何着力寻找使法律适用与伦理常情、正义公平自洽相融的最妥当的案件裁判结论的具体方法与路径，困惑于法律适用的价值与目的不清。此具象根源在于，无论是理论还是实务，对法官应有的民商事案件裁判思维模式及裁判方法这一极具理论意蕴和实践价值的问题研究，尚未形成体系化的理论认知和实践共识。由此，民商事案件裁判，强烈呼唤既能使案件裁判通法理、依法律，又能使裁判结论满足社会需要，接地气的裁判思维模式及裁判方法，对该种裁判思维模式及裁判方法的提出及运用阐释，即本书的核心。

安建须

2021 年 3 月 1 日

目　录

第一章　法官错位的裁判思维模式

司法实践中，随着民商事立法的日渐完善，尤其是《民法典》的颁布实施，民商事案件裁判中的突出问题，表现为法官如何适用民商事法律的问题，首要关涉法官应秉持怎样的裁判思维模式及怎样的裁判方法，二者为民商事法律适用不可或缺的两部分。但遗憾的是，法学界对这一极具理论意蕴和实践价值的问题研究至今尚未形成体系化的理论认知，从而导致司法实践层面上法官裁判思维模式错位，法律适用方法、裁判路径不明。

本章通过对典型民商事案件司法裁判的分析、总结，深度揭示司法实践中错位的三种法官裁判思维模式，并对其予以成因化解析及弊端揭示。该三种裁判思维模式分别是机械司法型裁判思维模式、感性司法型裁判思维模式、立法研究型裁判思维模式。

在对该三种裁判思维模式系统化分析、阐释前，先通过三个判例阐述这三种裁判思维模式在案件裁判过程中的具体表现情形。

需要说明的是，这三个案例均为《民法典》实施前已生效的司法判例，对考察、研究司法实践中法官裁判思维模式及裁判方法具有典型意义。就案例2、案例3而言，无论是依据《民法典》实施前的法律规定，还是依据《民法典》实施后的法律规定，这两个案件中法律适用所遇裁判困惑并未发生变化。但就案例1而言，在《民法典》颁布实施后，《民法典》"继承编"中增加了遗产管理人确认（《民法典》第1145条）及遗产管理人法定职责之规定（《民法典》第1147条），案例1之前所遇困惑、疑难问题，因法有新的明文规定而明晰。但因该案裁判当时，依据《民法典》实施前的法律规定，法律适用疑难复杂，于此情形中显现的法官裁判思维模式对研究法官通常裁判思维模式深具代表性，且该种裁判思维模式仍然存在于司法实践中，预计在今后相当长的时期内还不会完全消弭（即便是《民法典》颁布实施后亦是如此，因《民法典》虽在立法层面使法律规定更明晰、更完善、更体系化，但并不涉及法官如何适用法律，也不涉及法官在案件裁判过程中的裁判思维模式及裁判方法），因此，该判例仍有典型探研价值。

案例1 郭某诉请J银行A支行交付存款遗产纠纷案

郭某系梁某的外甥。梁某在J银行A支行存款15,000元，取款方式为密码支取。后梁某因病去世，梁某生前所在单位出具证明，陈述梁某系孤寡人员，其父母及其胞姐胞弟均先于梁某去世。郭某对舅舅梁某生前扶养照顾较多，在梁某去世后又为其办理丧葬事宜。

郭某整理梁某遗物时，发现上述存款存折，但不知取款密码。遂持存折请求J银行A支行向其支付梁某的该存款遗产，J银行A支行以其既非存款合同当事人，又非梁某的法定继承人为由拒绝向其支付。郭某遂向法院提起诉讼，请求判令J银行A支行向其支付15,000元存款本金及利息。

一审法院经审理认为：梁某在J银行A支行存款15,000元，凭密码存取，双方成立储蓄存款合同关系。郭某既非本案储蓄存款合同当事人，也非梁某的法定继承人，对梁某的该存款遗产15,000元不享有继承权，其诉请J银行A支行向其支付本案所涉梁某生前存款15,000元本金及利息于法无据，对其诉讼主张不应予以支持，遂判决驳回郭某的诉讼请求。

郭某不服此判决，以梁某没有法定继承人，其对梁某生前扶养照顾较多，在梁某去世后又为其办理丧葬事宜，应分得该遗产为由提起上诉，请求撤销原审判决，判令J银行A支行向其支付15,000元存款本金及利息。二审法院经审理认为：梁某在J银行A支行存入15,000元，双方之间即成立储蓄存款合同关系，梁某有权依据该储蓄存款合同向J银行A支行要求支取存款。现因梁某死亡，该笔存款由梁某的个人财产变为梁某的遗产。依照原《继承法》第14条之规定，继承人以外的对被继承人扶养较多的人，可以分配给他们适当的遗产。郭某作为法定继承人范围之外的主体，对

> 梁某进行了扶养丧葬,因而其有权向J银行A支行请求支付梁某的存款15,000元及相应利息。故郭某上诉请求J银行A支行支付15,000元本金及利息,理由成立,应予以支持。遂撤销一审判决,改判J银行A支行向郭某支付15,000元本金及相应利息。

该案在裁判过程中,大家关于“本案储蓄存款合同当事人是梁某与J银行A支行,郭某不是该合同的当事人,不享有该合同权利义务,不能依该合同债权向J银行A支行主张取款权利;郭某与梁某系甥舅关系,依照原《继承法》第10条(现为《民法典》第1127条所承继)的规定,其不是梁某的第一顺序继承人,也不是第二顺序继承人,即其不属于梁某的法定继承人,无权继承梁某的该遗产,无权以梁某继承人身份,向J银行A支行主张继承该存款;郭某对梁某生前扶养照顾较多,在其死后又为其办理丧葬事宜,依据原《继承法》第14条(现为《民法典》第1131条所承继)之规定,可以适当分得其遗产,梁某存款15,000元数额不大,全部分给郭某当属合理”看法一致。也即大家均认为,郭某虽不能以合同债权向J银行A支行主张合同权利,也不能以继承人身份主张继承梁某的遗产,但以其对梁某生前扶养照顾较多为由,郭某可分得梁某的该15,000元存款遗产,此属合情合理。但有异议的是,在《民法典》实施前的法律框架内,郭某以J银行A支行作为被告,其诉讼请求能否得到支持,具体而言有下述三种观点。

第一种观点认为,郭某既不能依本案储蓄存款合同向J银行

A 支行主张取款权利，也不能以继承人的身份请求 J 银行 A 支行向其交付本案遗产。因其既不是案涉合同当事人，也不是梁某的遗产法定继承人。其虽依原《继承法》第 14 条之规定，可分得本案存款遗产，但只能向梁某的遗产继承人主张，不能向 J 银行 A 支行主张。J 银行 A 支行虽占有该笔存款遗产，却无权处理该笔存款遗产，其只负有向梁某的遗产继承人交付该笔存款遗产的义务，而不负有向遗产继承人以外的郭某交付本案存款遗产的义务，故本案依法应判决驳回郭某的诉讼请求。郭某的诉讼主张不能得到判决支持，这样的结论虽实体上不公，但依法则应当如此裁判（一审判决即持这种观点）。

第二种观点认为，郭某是可分得遗产的人，J 银行 A 支行是梁某存款遗产的实际控制人，本案又未发生梁某遗产继承人主张继承该存款遗产的情形，若不支持郭某的诉讼请求，则不合情理，实体上不公，正如郭某在二审时当庭所述的“梁某是我亲舅舅，我对舅舅生前扶养照顾甚多，又为舅舅办理后事，尽心尽力，支出各项花费过万元，连小区打扫卫生的大妈也说于情于理舅舅的存款应该归我所有，但一审却否定了”一样，故应判决 J 银行 A 支行向其支付案涉存款 15，000 元及利息。该种观点基本上是二审判决书所持之观点。

第三种观点认为，本案凸显原《继承法》立法上的漏洞，立法机关应尽快完善“遗产管理人”的制度规定，以便解决该类案件。理由为，郭某虽可分得本案存款遗产，但应以梁某的遗产继承人为被告主张权利，而不能向梁某生前存款的 J 银行 A 支行主张权利，郭某以 J 银行 A 支行为本案被告不当，法院应裁定驳回其起诉。由于梁某生前所在单位陈述梁某没有遗产继承人,在此情形下,郭某应以梁某的遗产管理人为被告,由遗产管理人向郭某处理案涉存款遗产。但遗憾的是,原《继承法》缺失"遗产管理人"的法律规定,不能依法确定本案的"遗产管理人",致郭某起诉受阻。

上述第一种观点的裁判逻辑思路是:郭某作为应分得该存款遗产的人,分得梁某遗产实体公平,但在法律上只能向梁某的继承人主张,不能向J银行A支行主张。在郭某应向梁某的遗产继承人主张而未主张,却转向J银行A支行主张的情形下,判决J银行A支行向郭某交付案涉存款及利息无法律根据,故应予判决驳回郭某的诉讼请求。即便是梁某无法定继承人,亦是如此。该观点映射出办案法官裁判案件适用法律的机械性——虽认为驳回郭某的诉讼请求不公平,社会价值导向不佳,但因不能找到支持郭某诉讼主张的法律依据,就想当然地认为"郭某的诉讼请求于本案不应得到支持是依法裁判的应有之义",不顾社会价值导向,使案件裁判结论背离了法律适用与社会价值导向的一致性。

在司法实践中,面对要裁决的案涉争议,在所推理的裁判结论与社会正义、伦理常情内在冲突或利益平衡明显失当的情形下,法官并未积极地在法源内全面寻求妥适裁判案件的法律依据,也未运用法律解释手段对所应适用的法律规范进行阐释或体系化理解,使之切合法律调整的目的,而是片面适用法律或拘泥于法律规定的字义内容,反映了法官法律适用、裁判思维的机械性。

上述第二种观点的裁判逻辑思路是,郭某对其舅舅梁某生前扶养照顾颇多,在舅舅去世后又尽心办理丧葬事宜,理所应当应分得遗产,法院若不判决J银行A支行向郭某交付该存款遗产,则明显有违实体公平与情理,社会效果不佳,故应支持郭某的诉讼请求。

分析该裁判思路,不难发现,该裁判逻辑映射出法官裁判的关注点并非郭某的诉求能否找到适当的法律依据,或者就法律适用而言,郭某的主张能否得到支持,而是聚焦于,若不支持郭某的诉讼主张,该裁判结论的社会效果如何,是否公平,是否违背常理常情。若与情理相悖,有失公平,则应判决支持郭某的诉讼请求,至于是否有妥适的法律依据并不重要。该裁判思维在司法实践中亦时有发生,反映了法官法律适用、裁判思维的感性倾向。

上述第三种观点的裁判逻辑思路是,本案因原《继承法》缺失遗产管理人制度,而致郭某起诉不能,此系立法不完善所致。立法机关应尽快完善"遗产管理人"的制度规定,以便解决该类案件裁判问题。该裁判思维逻辑映射出,法官裁判本案所关注的焦点,不是郭某的权益于本案怎样才能得到救济,不是在已有法律框架内积极寻找案件裁判的最妥当方案,而是着力于揭示原《继承法》规定的不尽如人意(郭某诉告无门)之处,着力于对遗产管理人制度的推介与宣扬,呼唤、期待立法的修改与完善(寄望立法采纳遗产管理人制度)。此种思维模式在司法实践中亦时有发生,反映了法官裁判案件时具有的立法研究型思维。因为,对立法研究来说,必须不断质疑现行法律,否定现行法律,如此才能推动法律进步与完善,所谓不破不立即此意。

案例2　刘某诉请解除手机买卖合同纠纷案

刘某在甲电器公司以1950元的价款购买VK320唯开手机一部(手机串号为353037000695230),随手机附有《三包凭证卡》及《维修服务网点名录》各一份。《三包凭证卡》载明“如产品有质量问题,请您及时与授权销售单位或维修单位联系”。乙电讯公司、丙电讯公司均为《维修服务网点名录》上载明的唯开手机维修服务点。在该部手机三包有效期内,因手机故障,刘某两次将手机送至乙电讯公司维修并要求换机,乙电讯公司告知刘某该部手机“检测正常”,不同意换机。刘某又送该手机至丙电讯公司维修,该公司确认手机存在质量问题,并为刘某更换了一部新VK320红色唯开手机(手机串号为353037009651659)。更换不久,该部手机出现“大屏幕无显示、通话掉线”故障。刘某遂持该部手机要求甲电器公司退货还款,甲电器公司以刘某提供的手机非其销售的手机为由予以拒绝。刘某又找丙电讯公司欲取回被更换的那部手机,但被告知那部手机因质量问题已拆毁,不能恢复原状,无法再退还予刘某。刘某遂向法院起诉甲电器公司,请求判令退货并由甲电器公司向其退还手机款1950元。

甲电器公司辩称:刘某要求退货的手机串号为353037009651659的红色手机是从丙电讯公司换取的,

而非在甲电器公司或甲电器公司的代理商处更换的，该部手机不是甲电器公司销售的，因此该部手机质量问题与甲电器公司无关，刘某诉讼主张没有法律依据。此外，刘某诉请退货还款，即诉请解除手机买卖合同。根据原《合同法》第 97 条“合同解除后，尚未履行的，终止履行；已经履行的，根据履行情况和合同性质，当事人可以要求恢复原状，采取其他补救措施，并有权要求赔偿损失”（现已为《民法典》第 566 条所承继）的规定，合同解除，即应恢复原状。刘某从甲电器公司购买的手机因已被他人更换并拆毁，原物已不存在，原状已无法恢复，故对刘某的诉讼请求不应予以支持。

一审法院经审理认为：本案中，刘某在甲电器公司购买的手机出现质量问题，经多次维修仍不能正常使用，其已尽了一个普通消费者所能努力做到的所有维权事务，其要求甲电器公司退货并返还货款 1950 元，依法应予以支持，遂判决支持刘某的诉讼请求。

甲电器公司不服该判决，以原手机已不存在，合同不能解除为由，提起上诉。

该案一审裁判讨论过程中有两种不同观点。第一种观点认为，刘某诉请合同解除，而其当庭提交的手机并非甲电器公司销售的那部手机，由于合同解除，需双方返还原物，而甲电器公司出售给刘某的那部手机，已由刘某更换给了丙电讯公司，且已被拆毁,原物已不存在,合同解除的条件不具备。刘某持有的手机则非甲电器公司销售,该手机的质量问题与甲电器公司无关。刘某的遭遇虽令人同情,但应依法驳回其诉讼请求。

第二种观点认为,刘某虽然不能提交其从甲电器公司购买的那部手机,也即在合同解除后不能返还原物予甲电器公司,但刘某对此没有任何过错,其作为普通消费者,已尽了普通消费者所能尽到的所有维权事务。若不支持其诉讼请求,不合情理,社会效果不佳,故应判决支持其诉讼请求。该观点与一审判决一致。

针对上述第一种观点,结合本案事实可知,刘某之所以去丙电讯公司更换手机,是因刘某向甲电器公司购买手机时,甲电器公司向其出具的《维修服务网点名录》上载明有丙电讯公司。刘某的诉讼主张若得不到判决支持,则对刘某明显不公,与社会常情常理明显不符。但该观点置常情常理于不顾,以刘某持有的手机非甲电器公司所销售的那部手机,刘某从甲电器公司购买的手机原物已不存在,无法恢复原状为由,主张驳回刘某解除合同的诉请。此和案例 1 中的第一种观点一样,亦映射出办案法官在法律适用和裁判思维上的机械性。

针对上述第二种观点,法官认为刘某诉求合乎情理,应予支持,即使未找到法律依据,也应判决支持,否则于情于理不通,社会效果不佳,而裁判结论不应与社会效果相对立。此映射出,办案法官在裁判时凭的是情感倾向,注重的是社会效果,个人情绪色彩深厚。此和案例 1 中的第二种观点相似,同样映射出法官法律适用、裁判思维的感性倾向。

案例3 暴力胁迫债权转让纠纷案

原告李某曾是甲公司股东之一，甲公司欠被告张某100万元货款清偿困难。张某于2013年11月15日非法拘禁李某于某酒店，对其进行殴打、电击，暴力胁迫李某签订《协议书》，要求李某以100万元的对价受让张某对甲公司享有的100万元债权，并逼迫李某当场支付10万元债权受让款，还承诺22天内付清余款90万元。之后，遂允许李某离开酒店。李某离开酒店后报警，张某归案。法院以非法拘禁罪判处张某有期徒刑。

2015年2月，李某向法院提起民事诉讼，诉请张某向其返还10万元及利息。

一审法院经审理认为：据李某所述，其系在被张某胁迫情形下出具受让债权的案涉《协议书》，《协议书》属于可撤销合同。由于李某并未在一年除斥期间内请求人民法院或者仲裁机构撤销《协议书》，故李某的撤销权消灭。《协议书》不存在法律、行政法规规定的无效情形，对当事人双方具有法律约束力，双方应按照约定履行义务，张某占有案涉的10万元有合法依据，李某要求返还该款项及利息缺乏法律支撑，遂判决驳回李某诉讼主张。

李某不服该一审判决，提起上诉。二审法院认为：张某不应以限制李某人身自由的方式要求李某出具案涉《协议书》，张某具有过错，其依据《协议书》而收取的案涉款项应予返还，遂判决撤销一审判决，改判支持李某的诉讼请求。

对该案如何裁判，法官之间对认定该案债权转让协议属李某被胁迫签订无异议，对李某未在一年除斥期间内行使撤销权撤销案涉债权转让合同，亦具有一致共识。但对该案是否应判决支持李某的诉讼请求，却有三种不同观点。

第一种观点认为，一方面，依据原《合同法》第 54 条（现为《民法典》第 150 条所承继）的规定，本案当属一方以胁迫手段使对方在违背真实意思的情况下订立的合同，故李某有权请求人民法院撤销案涉债权转让合同。另一方面，依据原《合同法》第 55 条（现为《民法典》第 152 条所承继）规定的一年撤销权行使期间，本案已过撤销权行使期间，李某的撤销权已消灭。由此，李某的诉讼主张于法无据，应判决不予支持，此虽于情理不合，但依法应当如此裁判。一审裁判正如该观点。

第二种观点认为，甲公司清偿债务困难，李某是被张某暴力胁迫签订案涉《协议书》，受让张某对甲公司的债权，如不支持李某主张，不仅有违情理，对李某不公平，而且还有违公平正义，故应判决支持李某的诉讼请求。二审裁判与该观点相似。

第三种观点认为，若不支持李某诉讼请求，实有违情理、公平与正义，若支持其诉讼请求，则有违法律关于撤销权期间的明文规定。本案凸显法律规定的胁迫合同的撤销权除斥期间为一年有瑕疵，“一年”太过短暂，若该期间规定的时间长些，本案问题则可迎刃而解。鉴于裁判结论不能与情理、公平有违，更不能与社会正义不合，故应判决支持李某的诉讼主张。

上述第一种观点同样映射出机械的司法裁判思维特性：该观点一方面认为，本案中若不支持李某诉求，则对李某不公平，于情理亦不合；但另一方面认为，本案若支持李某诉求，则有违法律明文规定。两相权衡，则应以法律规定为重。为此，不惜牺牲李某的实体权益，不惜割裂法律适用与伦理常情、正义公平的一致性。

上述第二种观点同样映射出法官重社会效果、轻法律规定的感性司法裁判思维特性：若不支持李某的诉讼请求，则判决有违情理，有违公平与正义，为此，认为李某的撤销权期间虽已超过，但亦应予以支持。

上述第三种观点同样映射出法官的立法研究思维情结：该观点不是积极地在已有法律框架内寻找法律依据来解决所面临的案件争议，而是质疑、批判、否定已有法律规定。

对上述三案例裁判观点、思维方式进行梳理、比较可知，上述案例1、案例2、案例3中的第一种裁判观点之共通性在于均反映了法官适用法律、案件裁判思维的机械性，可将其称为机械司法型裁判思维模式，具体概括为：在案件裁判过程中，法官片面适用法律或拘泥于法律规定的字义内容，在所推理的裁判结论与社会正义、伦理常情内含冲突或利益平衡明显失当的情形下，视这种对立冲突为依法裁判的逻辑当然结论，漠视或割裂法律适用与伦理常情、利益平衡内在关联的一种案件裁判思维模式。

上述案例1、案例2、案例3中的第二种裁判观点之共通性在于均反映了法官适用法律、案件裁判思维偏感性,可将其称为感性司法型裁判思维模式,具体概括为:面对要解决的案件争议,不是尽力在已有法律框架内思考如何妥适解决该争议,最大限度地寻找或发现可适用于案涉争议的法律规范,以使依据该法律规范而得的裁判结论与社会普遍认可的伦理常情相契合。而是忽视法律适用,偏感性,仅凭个人情感倾向,即作出迎合所谓的社会效果的裁判结论。

上述案例1、案例3中的第三种裁判观点之共通性在于均反映了法官适用法律、案件裁判思维的立法研究思维情结,可将其称为立法研究型裁判思维模式,具体概括为,面对要裁决的案件争议,不是尽力探求在现有法源内如何解决案涉争议,寻找或发现可适用于案涉争议的裁判依据,追求裁判结论利益平衡,最大限度地与社会正义、伦理常情相吻合,而是对已有民商事法律予以质疑或否定,借案涉争议所涉法律适用困惑批驳或例证已有法律规定的不足或不当,并据此提出某种可供解决案件争议的法律制度或理论学说,期待立法修改与完善。

在司法实务中,机械司法型、感性司法型、立法研究型这三种裁判思维模式不时出现在法官案件裁判、法律适用过程中。该三种裁判思维模式,要么是对案件裁判时的已有法律规定片面理解,割裂其与社会伦理常情、正义公平的关联;要么是弃已有民商事法律规定于不顾,视社会正义情理为裁判依据;要么重在揭示已有法律规定的漏洞与不足,呼唤、寄望于立法修改与完善。其均缺乏充分适用已有法律规定,积极在已有法律框架内寻求妥适处理案涉争议的法律依据的法律适用思维理念,往往导致法官在处理案件时与最妥当的案件裁判结论失之交臂,阻碍对民商事法律的正确适用。因此,对其深入分析与认识,有助于走出案件裁判的误区,有利于对法官应有裁判思维模式的探求。

第一节　机械司法型裁判思维模式

一、机械司法型裁判思维模式概述

由前述可知,机械司法型裁判思维模式,是指在案件裁判过程中,法官片面适用法律或拘泥于法律规定的字义内容,在所推理的裁判结论与社会正义、伦理常情内含冲突或利益平衡明显失当的情形下,视这种对立冲突为依法裁判的逻辑结论,漠视或割裂法律适用与伦理常情、利益平衡内在关联的一种案件裁判思维模式。

机械司法型裁判思维模式的特征为:一是以民商事制定法为裁判依据,片面理解法律,漠视国家政策、习惯、法理为法律适用的依据。在裁判案件时,惰于充分运用法律解释的方法、手段对所适用的法律予以解释适用或惰于运用利益衡量的方法在法源内积极寻求妥适的法律依据的努力。二是拘泥于民商事制定法的字义,偏重于形式逻辑推理,生硬套用法律条文,忽略对具体案件的利益考量或法律调整的目的考量,认为法律本身即目的,忽略法律的目的是促进人类向着"人类本质存在"的"共同善”或“正义”方向发展的手段。[1]

机械司法型裁判思维模式于司法实践层面表现为就案办案,忽视案件裁判的社会价值导向作用,忽视裁判结论与社会正义、伦理常情或利益平衡是否背离。该种思维模式的形成可追溯至概念法学的形式上的、拘泥于字义的且背离生活的法律发现与法律思维[2]的影响。因为,概念法学视法律体系已包罗社会生活之方方面面,对任何民商事案件,均可依据已有法律规则,运用逻辑推理而得出裁判结论;在民商事案件裁判过程中,视已有民商事法律规定为不二法源,否认除已有民商事法律规定外,还另有其他民商事法源的存在;概念法学注重文义解释、体系解释与逻辑解释,在对法律适用产生疑义时,主张应站在立法者的立场,探明立法者的意思,并以立法者的意思作为法律适用及裁判案件的依据,否定运用其他法律解释方法对法律进行漏洞补充,也不认可法律有漏洞的主张;在案件裁判过程中,否认运用利益衡量对个案进行价值判断,主张法官应像办案机器一样,只能照搬法律,不能进行法律续造。[3] 正如博克尔曼所描述的,“法官适用制定法应该像自动机一样运转,它带有的唯一特点是,运转的装置不是机械式的,而是逻辑式的自动控制”。[4]

---

〔1〕 杨仁寿:《法学方法论》,中国政法大学出版社 1999 年版,第 14 页。

〔2〕 吴从周:《概念法学、利益法学与价值法学:探索一部民法方法论的演变史》,中国法制出版社 2011 年版,第 41 页。

〔3〕 梁上上:《利益衡量论》,法律出版社 2013 年版,第 17 ~ 18 页。

〔4〕 [德]博克尔曼:《斯门德纪念文集》(1952 年),第 26 页。转引自[德]卡尔·恩吉施:《法律思维导论》,郑永流译,法律出版社 2014 年版,第 130 页。

二、机械司法型裁判思维模式的具体情形

以案涉争议是否有法律明文规定为据，可将司法实践中机械司法型裁判思维模式的具体情形划分为法有明文规定时的机械司法裁判情形和法无明文规定时的机械司法裁判情形。

（一）法有明文规定时的机械司法裁判情形

法有明文规定时的机械司法型裁判思维模式又可具体化为四种情形：第一种是针对案涉争议，法律条文中有可适用的法律规范，但法官因未能发现该法律规范而径行裁判的机械司法裁判情形；第二种是针对案涉争议有可适用的法律规范，而法官认为该法律规范不适用于案涉争议，从而拒绝适用该法律规范的机械司法裁判情形；第三种是针对案涉争议，虽有法律明文规定，但已不切合社会需要，法官未对其进行法解释而径直适用的机械司法裁判情形；第四种是法律规定明确，法官适用法律也无不当，但依法裁判已没有实际意义或裁判结果会损及案外人利益的情形下仍轻率予以裁判的机械司法裁判情形。

1. 未能发现可适用的法律规范时的机械司法裁判情形

前述案例 1、案例 2、案例 3 中的第一种观点，均属于未发现可适用的法律规范而造成的机械司法型裁判思维观点，因在当时的已有法律中可以找到明确的法律依据，但因法官惰于寻找或欠缺寻找的方法而未发现而已（对此后文第二章中有详述）。

2. 拒绝适用本应适用的法律规范的机械司法裁判情形

法官拒绝适用本应适用的法律规范，往往是因法官对确定

的法律概念理解不清或对法律规定中的不确定概念不能予以价值补充，或者是对案涉法律关系定性不准所致，这也是机械司法裁判思维产生的主要原因。

案例4　张某诉卢某伟、卢某洪、A保险公司人身伤害赔偿案

2013年4月5日12时许，张某驾驶无号牌摩托车碰撞了卢某伟驾驶的小汽车，后张某未停车继续驾车行驶，卢某伟驾车追赶，并试图逼停该摩托车，追赶过程中，张某因闪避卢某伟所驾驶的小汽车而撞倒在道路的绿化带上受重伤。卢某伟驾驶的小汽车车主为卢某洪，卢某洪与卢某伟系父子关系。肇事小汽车在A保险公司投保了交强险、第三者商业责任险及不计免赔险。张某为追要人身伤害赔偿款而向法院提起民事诉讼，请求判令：(1)A保险公司强制险责任限额内赔偿张某交通事故损失12万元；(2)卢某伟、卢某洪应连带赔偿张某各项人身伤害损失252,454.76元，并对第一项请求承担连带赔偿责任；(3)A保险公司对第2项请求应在机动车第三者商业责任险限额内承担连带赔偿责任。

一审法院经审理认为，张某未取得驾驶证照，驾驶无号牌摩托车肇事后为逃避赔偿责任而逃逸，在被卢某伟追赶时未主动停车，并因采取措施不当失控撞向路边绿化带，导致事故发生，对此事故应负有一定责

任。卢某伟在其车辆被张某驾驶的无号牌摩托车碰撞后,为追讨车辆损失追赶张某,对事故的发生应负有主要责任。根据案情,酌定由张某负担40%的责任比例,卢某伟负担60%的责任比例。遂判决卢某伟应赔偿张某各项损失及精神抚慰金合计204,794.61元。卢某洪虽是车主,但对事故发生没有过错,不承担赔偿责任。因本案系身体权纠纷而非道路交通事故纠纷,张某请求A保险公司承担保险赔偿责任于法无据,法院不予支持。[1]

一审判决后,卢某伟未上诉,张某不服该判决而上诉,上诉主张A保险公司应在涉案肇事车辆投保的交强险、第三者商业责任险限额范围内承担卢某伟的赔偿责任。

在本案中,A保险公司应否承担该案保险赔偿责任的前提是该案所发生的张某人身伤害事件是否属于交通事故,若属于交通事故,A保险公司在无免责条件的情形下,则应予以赔偿,若不属于交通事故,则张某的诉求欠缺保险赔偿的前提条件而不应得到支持。该案事故的发生应否定性为交通事故,则应依据《道路交通安全法》第119条第5项"'交通事故',是指车辆在道路上因过错或者意外造成的人身伤亡或者财产损失的事件"之规定中的有关"交通事故"的概念来判断。依据该法定概念可

[1] 佛山市南海区人民法院民事判决书,(2014)佛南法沥民一初字第436号。

知,在我国,“交通事故”的界定着重强调车辆、道路、过错或意外因素及损失后果。其构成要件应为:有人员伤亡或财产损失事故的发生,事故发生场所在道路上,行为人对人员伤亡或财产损失的发生在主观上有过错(包括故意和过失),事故的发生与车辆有关联。该案中,张某的人身伤害事件发生在道路上,事件的发生与卢某伟驾车追赶存在相当因果关系,卢某伟在公共道路上驾车追赶张某,其对张某人身伤害后果的发生属应当能够预见,主观上有过错。由此可知,将该案人身伤害事故认定为“交通事故”没有任何法律上的障碍。卢某伟在公共道路上追赶张某是该案所涉人身伤害事故发生的原因,但并不能改变该事故属“车辆在道路上因过错造成的人身伤亡”的交通事故定性。此外,张某驾车逃跑与卢某伟的驾车追赶行为虽然增加了交通事故发生的危险,从而使保险事故发生的概率也随之增加,但这属于是否符合保险合同中约定的免除保险赔付责任的事项,而非本案事件是否属于交通事故的判断依据。一审判决认定该案所涉伤害不属交通事故,并据此排除保险公司保险赔付责任的承担。从判决书给出的理由来看,是法官受制于该案的立案案由是“身体权纠纷”而非“交通事故纠纷”,过分拘泥于案由表述的限制,忽略了对案件争议本身的实质审查,颠倒了案由应根据案件争议的法律关系而命名,而非案件争议的法律关系应根据案由去定性两者之间的本末关系,以及对“交通事故”概念不清所致。分析其深层原因,可能是法官认为,该案事件若定性为交通事故,则保险公司有可能承担保险赔付责任,而该案事故的发生,是由当事人双方的追逐行为所致,而追逐行为本身增加了保险事故发生的概率，让保险公司承担这样的风险后果不公平。在这里，一审判决显然又将保险事故的认定与保险责任的承担画上了等号，从而拒绝以法定的交通事故概念作为依据来定性案涉事件，导致了不妥当的裁判结论。

该案经二审法院审理，二审法院认为张某的人身伤害应认定为交通事故，并据此对一审判决进行了改判，由A保险公司承担保险赔偿责任。[1]

案例5 区某诉"李某英"离婚纠纷案

区某于1992年认识了自称29岁名叫"李某英"的女子，随后双方到区某住所地的镇政府登记结婚并领取了结婚证。结婚两个月后，"李某英"借故离家，去向不明。20多年来，区某一直一个人生活，2012年，为了能够再婚，区某向其住所地法院提起诉讼，请求法院判令解除其与"李某英"的婚姻关系。

法院立案受理后，经查发现，在"李某英"与区某登记结婚时提供的住所地无"李某英"此人。便告知区某"李某英"身份不明确，法院只能依法驳回起诉。于是，区某撤回了离婚案件的起诉。此后，区某为了结束其名存实无的婚姻，也为了能够再婚，又向其住所地的民政部门申请撤销其与"李某英"的结婚登记。民政部门以区某与"李某英"婚姻登记不符合撤销婚姻登记的条

---

[1] 佛山市中级人民法院民事判决书，(2015)佛中法民一终字第9号。

件为由不予撤销。

对该案,法院以在“李某英”登记时所述住所地查无此人,认定“李某英”身份不明,不符《民事诉讼法》第119条规定的起诉条件中“有明确的被告”的条件,拒绝对区某离婚案件予以实体审理(该案虽然是撤诉,但撤诉的原因是法院告知其要驳回起诉),导致区某解除名存实无的婚姻关系无望,因为“李某英”一日不出现,区某将断无从该婚姻中解脱的可能。即便区某选择宣告死亡程序,请求法院宣告“李某英”死亡,以解除其婚姻关系也不可行,因被申请人“李某英”同样属身份不明而无法启动该程序。区某被困在虚无的婚姻关系中不能解脱,这样的司法结果显然与婚姻伦理、社会情理相违。该种情形是机械司法所致,还是法律适用本该如此,关键应判定被告“李某英”是否属于上述法条规定中的“明确的被告”。若持肯定观点,法院就应该受理区某提起的离婚之诉,区某解除名存实无的婚姻关系有望。如持否定见解,对区某的起诉则应予驳回。

检视法条中“明确的被告”之规定,显属不确定概念,对于不确定概念,在法律适用时应根据案件具体情形予以价值补充而非机械理解。正如杨仁寿先生所言,“惟有些概念,恒需由审判者于个案中斟酌一切情事始可确定,亦即需由审判者予以价值判断,始克具体化”。[1] 也即法院就不确定概念进行价值补充时,应当适用社会上存在的可以被探知、可以被认识的价值判

〔1〕 杨仁寿:《法学方法论》,中国政法大学出版社1999年版,第179页。

断、行为规范、客观伦理秩序及公平正义的原则,而不能凭借个人主观的法律感情。因为人类应将法律当作实现公平正义的手段,法律本身并不是价值追求的目标,故当法律概念不确定时,必须对其进行补充。若以这样的法律适用观审视该案,则不难得出:被告"李某英"虽然在其结婚登记时登记的住所地查无此人,但根据其与区某在民政部门领取的结婚证上的"李某英"的照片、结婚登记时所摁的指模完全可以将其与其他民事主体区别开来,也即"李某英"在结婚登记时的身份信息明确具体,当属《民事诉讼法》第119条规定中的"有明确的被告"的一种情形。区某以"李某英"为被告完全符合法定立案条件,法院应对区某离婚之诉进行实体裁判,而不应脱离案件事实去机械理解法条中的不确定概念,导致当事人陷入求助无门的境况。事实上,一方面,法院准许区某撤回起诉,等于承认区某离婚之诉成立,认定"李某英"作为被告适格;另一方面,又告知区某"李某英"身份不明,只能驳回起诉,这又等于否定了"李某英"为适格被告。案件处理不仅法律适用不当,逻辑分析也存在矛盾冲突。

3. 未予法解释而径直适用法律规范的机械司法裁判情形

未予法律解释而径直适用法律规范的机械司法裁判,表现为过分拘泥于法律规范的字面意思,机械套用法律规范,漠视法律适用与伦理常情、利益平衡的内在关联。

案例6 张甲请求确认婚姻无效案

张甲的爷爷张乙与李某的奶奶张丙是亲姐弟。李某是张甲姑奶奶的孙女,是张甲的表妹,是张甲父亲张丁的表侄女。2013年4月,44岁的李某却与张甲80多岁的父亲张丁领了结婚证,成了张甲的后妈。张丁去世留下20余万元遗产,因这笔钱的分割问题,李某与张甲、张甲的两个弟弟发生矛盾。张甲和其两个弟弟以李某与其父系近亲结婚为由,将李某诉至法院,请求确认张丁生前与李某的婚姻无效。

法院审理后认为,李某的奶奶和张丁的父亲张乙,都是张戊和妻子刘氏所生,张戊夫妇就是李某和张丁的同源直系血亲。按照旁系血亲代数的计算方法,从李某开始往上数至张戊,计四代;从张戊开始往下数至张丁,计三代。两边代数不同的,取代数大的一边为旁系血亲的代数。因此,李某与张丁应该属于四代旁系血亲。根据原《婚姻法》第7条(内容现为《民法典》第1048条所承继)“有下列情形之一的,禁止结婚:(一)直系血亲和三代以内的旁系血亲;(二)患有医学上认为不应当结婚的疾病”的规定可知,直系血亲和三代以内旁系血亲结婚为法律禁止婚,而李某和张丁属四代旁系血亲,不在法律禁止之列,其婚姻有效。遂判决驳回张家三兄弟的诉讼请求。[1]

对该案,李某与张丁虽不属于三代以内旁系血亲,却是四代以内辈分不同的旁系血亲(两人为叔侄女关系),该案判决对四

---

〔1〕 王明:《表妹变成了后妈》,载《重庆晚报》2013年11月22日,第17版。

代以内辈分不同的旁系血亲结婚是否有违公序良俗未予分析，直接适用原《婚姻法》第7条第1项的规定，认定李某与张丁不属法律禁止结婚的三代以内旁系血亲，确认其婚姻有效，令人生疑。若依该判决的导向指引，将很容易推理得出以下结论：只要是不属于三代以内的旁系血亲，无论其辈分如何，无论这种“乱辈”造成亲属关系如何混乱，其婚姻都应有效。这与保障伦理和优生的原《婚姻法》第7条第1项的立法目的并不吻合。就该案而言，李某与李某的奶奶张丙的弟弟张乙(李某的亲舅爷)也属辈分不同的四代旁系血亲，非在三代旁系血亲以内，若两人结婚，也即李某与其亲舅爷结婚，依上述判决的逻辑，其婚姻也应有效，这显然令普通人在伦理观念上难以接受。因为若将该假定的婚姻与辈分相同的三代旁系血亲婚姻即表兄弟姐妹间的婚姻(俗称中表婚)相比较而言，由于我国对辈分观念的向来重视，以及历史上中表婚曾长期盛行的传统，所以人们通常会更认同后者，更排斥前者。也即社会大众会倾向于认为辈分不同的四代旁系血亲婚姻比中表婚更有违社会伦理，更让人难以接受，更有违原《婚姻法》第7条第1项重在“保障优生和社会伦理”的立法目的，同样也应被禁止。由此便折射出，原《婚姻法》第7条第1项存有法律漏洞，对其在法律适用时应运用法律解释方法予以目的性扩张，将辈分不同的四代旁系血亲婚姻纳入该法条调整范围。若对该法条不加解释便机械套用，则有可能使裁判结论与社会伦理观念明显相违。该案中，李某与张丁的婚姻如上述假定李某与张乙的婚姻一样，同属辈分不同的四代旁系血亲婚姻，如上述分析，应为法律禁止婚，当确认无效。

需说明的是，原《婚姻法》虽已失效，但该法上述第 7 条第 1 项之规定，已为《民法典》第 1048 条“直系血亲或者三代以内的旁系血亲禁止结婚”之规定所承继，对《民法典》第 1048 条的理解适用亦应如上述分析。

案例 7　李某诉张某房屋买卖合同纠纷案

张某购买李某房屋，双方约定房屋价款 300 万元，合同签订之日，张某向李某支付定金 30 万元，10 日后房屋交付张某占有，余款 270 万元 3 个月内向银行按揭贷款支付，余款支付后 7 日内，李某为张某办理房屋过户登记。合同签订后，张某依约支付了 30 万元定金，李某依约向张某交付了房屋。之后，因张某对他人欠款金额巨大，银行拒绝向其提供购房贷款，余款 270 万张某无力未付。

李某遂向法院起诉，请求判令继续履行合同，张某向其支付余款 270 万元及利息。

张某提出反诉，请求判令解除购房合同。理由是其无力支付购房余款，并表示愿承担违约责任。经查，张某确无力支付购房余款 270 万元。

法院判决房屋买卖合同继续履行，张某向李某支付购房余款 270 万元。

判决生效后，经强制执行，张某仍无力支付案涉购房余款。

在该案中,张某违约明显,依据裁判时仍有效的原《合同法》第 107 条(现为《民法典》第 577 条所承继)“当事人一方不履行合同义务或者履行合同义务不符合约定的,应当承担继续履行、采取补救措施或者赔偿损失等违约责任”之规定,李某诉请判令房屋买卖合同继续履行可谓法律依据明确。法院判决支持李某诉讼请求,似无不当。但对本案深入分析后则可知,在能够确定张某已无力支付案涉购房余款,若判令合同继续履行实则又难以履行的情形下,仍判令案涉合同继续履行,则有违诚实信用原则,司法裁判机械性凸显。是故,应对原《合同法》第 107 条进行目的性限缩解释,将该案情形排除在该条规定之外,应不予支持李某的诉讼请求,判令解除案涉房屋买卖合同。理由为:若判决该案所涉房屋买卖合同继续履行,支持李某的诉讼请求,实对李某和张某均为不利,导致双方陷入进退两难之困境,对李某尤其如此。详言之,对李某来说,一方面,张某无力支付购房余款,该案强制执行不能,李某不能取得生效判决确定的债权金额,损失无法救济;另一方面,李某已将房屋交付张某,张某对该房屋属有权占有,因判决案涉房屋买卖合同继续履行,李某又不能收回该房屋,更不能再将该房屋另行售卖他人。此情形,李某实陷入“向张某求款不能,另卖他人不成,房屋又由张某无期限使用占有”之困境,致其损失进一步扩大且无法救济。对张某来说,一方面,张某无力支付购房余款,强制执行亦履行不能,生效判决确定的债务金额因须加倍计算迟延履行期间的债务利息而持续增加,债务负担更为沉重,受困于该债务,生活将更加困顿。另一方面,其亦陷入“购房不成,解除不能”之交易困境。而上述双方窘困之境实因无视诚信原则，对原《合同法》第 107 条未予以法律解释而径直适用的机械司法裁判所致。

4. 裁判结论无法律意义或损害他人利益的机械司法裁判情形

该种机械司法裁判情形表现为：对案涉争议处理，虽有法律依据，但不顾及裁判结论是否有法律意义、是否损害他人利益，纯粹为结案而裁判。

案例 8　甲公司诉乙公司侵害外观设计专利权纠纷案

甲公司享有名称为“手推车”（专利号为 ZL200330126965.8）的外观设计专利权，该专利申请日为 2003 年 12 月 24 日，授权公告日为 2004 年 8 月 4 日。乙公司未经甲公司许可，实施了制造、销售、许诺销售侵害其该外观设计专利权的侵权产品的侵权行为。甲公司诉至法院，请求判令：乙公司立即停止生产、销售、许诺销售侵害甲公司外观设计专利权的侵权产品，销毁库存侵权产品并赔偿经济损失及维权合理费用 100 万元。

一审法院经审理认为，乙公司的行为已构成对甲公司享有的涉案专利权的侵害，遂于 2013 年 12 月 19 日作出判决，判决乙公司立即停止制造、销售、许诺销售侵害甲公司涉案外观设计专利权的侵权产品的侵权行为，并赔偿甲公司经济损失及为维权而支出的合理费用共计 80,000 元。

乙公司不服该判决提起上诉称，外观设计专利权的保护期限为10年，本案专利权保护期间为2003年12月24日至2013年12月23日。在其于2013年12月30日签收一审判决书时，涉案专利已过保护期间而成为现有设计，任何人均可使用，法院判决停止侵权不当。二审法院以涉案专利已过保护期间为由，判决撤销一审法院关于停止侵权的判项，维持一审赔偿损失的判项。[1]

对该案，就法律适用而言本无不当，但在法院向当事人送达判决书时，涉案专利已过保护期间而成为现有设计，人人可用的情形下，再判决“停止侵权”除凸显机械司法、损害司法权威外，已无其他任何意义。该案完全可在原来判决作出时间向后推迟4天即2013年12月23日之后作出判决，因那时专利保护已到期，法院已没有必要判决停止侵权，仅判决被告赔偿损失即可，这样既可避免以判决拘束被告对已成为现有设计的涉案专利的使用，还可避免被告以此为由提起上诉。

案例9　甲公司诉乙公司违约纠纷案

甲公司与乙公司签订加工定作合同，对交货时间、地点及付款方式均进行了明确约定，还约定如乙公司逾期支付货款，则每日应按货款总金额的5%向甲公司

---

〔1〕 广东省高级人民法院民事判决书，(2014)粤高法民三终字第309号。

支付违约金。合同生效后,甲公司依约向乙公司履行交付所加工货物的义务,乙公司欠货款6万元未依约支付。甲公司将乙公司诉至法院,请求法院判令乙公司向其清偿欠款6万元,并支付违约金168万元。乙公司对欠款金额、违约金金额及违约金计算方法均无异议。法院遂判决对甲公司的诉讼请求予以支持。判决生效后,案件进入执行阶段,新被追加的被执行人对涉案违约金金额提出了强烈异议。[1]

笔者认为,对合同涉及货款、违约金争议的案件,通常情形是,原告主张货款及违约金,被告否认欠原告货款,法官针对原告货款债权是否存在展开法庭调查,并围绕该问题由双方举证、质证。在被告否认所欠货款时,一般不会提出案涉违约金过高的主张,其认为根本不欠货款,也就根本不涉及请求降低违约金的问题。遇此情形,法官应当行使释明权,询问被告"如果构成违约,是否请求降低违约金"。被告经法官的释明,在通常情形下,一般都会表示"如果法院认定被告违约,那么请求降低违约金"。这样,因违约金过高而使判决明显利益失衡的问题即可解决,机械司法可予以避免。

如果双方约定的违约金过高,在法官释明下,被告仍不请求予以降低,这与常理明显有违,案件是否属虚假诉讼或是否侵害他人利益不无怀疑,法官裁判须慎重,不可仅以"当事人意思自

[1] 李杰:《法官"机械司法"的博弈分析》,载《法律和社会科学》2012年第00期。

治”、法有明文为据而径下裁判。在该案中，法官依据原《合同法》第114条第2款（现为《民法典》第585条所承继）“约定的违约金低于造成的损失的，当事人可以请求人民法院或者仲裁机构予以增加；约定的违约金过分高于造成的损失的，当事人请求人民法院或者仲裁机构予以适当减少”的规定进行裁判，法律适用本无不当，但问题是，在依双方约定而计算的违约金金额（168万元）明显过分高于债务人所欠货款（6万元）的情形下，被告若未提出降低违约金的请求，法官应行使释明权告知被告有权请求降低违约金。若被告仍不提出，就应查明，或至少应警惕该案是否有侵害他人权益的情形发生，因为这明显有违常理。事实上，该案在执行过程中，被追加的新的被执行人的强烈质疑和对案件执行的抵触，已反映出被告对违约金的无异议已明显损害了被追加的新的被执行人的利益。

（二）法无明文规定时的机械司法裁判情形

法无明文规定时的机械司法型裁判情形是指，针对案涉争议，法律依据欠缺明文规定，却蕴含在另一法律规范中，案件裁判未适用该另一法律规范之情形。以笔者参与讨论的以下案件情形可予说明。

案例10　周某诉张乙、张甲、李某赠与合同纠纷案

张甲和李某夫妇于2020年10月初生下男婴张乙，张甲的朋友周某在张乙百日宴时赠送张乙和田玉佩一块。2021年2月，周某、张甲关系恶化，周某向张甲索要该玉佩被拒。周某遂向法院起诉，以张乙为无民事行为能力人,赠与合同无效为由,诉请返还玉佩。

就该案,有观点认为,张乙为无民事行为能力人,依据《民法典》第144条“无民事行为能力人实施的民事法律行为无效”之规定,应认定案涉赠与民事法律行为无效,张乙经赠与而取得的玉佩应返还周某。

笔者认为,在该案中,周某已将玉佩赠给张乙,只因两家关系恶化,即索返玉佩,该行为与诚实信用、社会情理明显有违,此外,若支持周某的诉讼请求,张乙即处于经济上不利的地位,有违法律应对无民事行为能力人予以特别保护的价值取向,上述观点有失妥当,法律适用具有机械性。

周某将玉佩赠与张乙,未为张乙设定任何义务,从法律效果判断,此属张乙“纯获利益”的民事法律行为。对无民事行为能力人纯获利益的民事法律行为是否有效,《民法典》未设明文规定,《民法典》仅规定了限制民事行为能力人纯获利益的民事法律行为有效,体现在《民法典》第145条“限制民事行为能力人实施的纯获利益的民事法律行为或者与其年龄、智力、精神健康状况相适应的民事法律行为有效;实施的其他民事法律行为经法定代理人同意或者追认后有效”之规定中。

《民法典》对无民事行为能力人签订的纯获利益的民事法律行为效力未设明文规定,但《民法典》第144条却明确规定无民事行为能力人从事的民事法律行为无效,就文义而言,显然包括无民事行为能力人纯获利益的民事法律行为,那么,是否可据此认定该案无民事行为能力人纯获利益的民事法律行为无效?对此,应予以否定。因为《民法典》第 145 条规定的限制民事行为能力人实施的纯获利益的民事法律行为有效,其立法目的在于体现对限制民事行为能力人的关切和保护。就此立法目的,相较限制民事行为能力人而言,无民事行为能力人显然更需法律的保护。由此,若依我国《民法典》第 144 条的规定,认定本案赠与民事法律行为无效,无疑将背离民法对无民事行为能力人保护的立法目的,将助长任何人在任何情形下都可借口民事法律行为相对方为无民事行为人而否定民事法律行为效力,以侵害无民事行为能力人已取得的正当权益,这样的法律适用显属机械司法的表现。由此,应对《民法典》第 144 条的规定采目的性限缩解释,将无民事行为能力人的纯获利益的民事法律行为排除在该条文的法律适用范围之外,以脱离机械司法型裁判思维模式的束缚,使该案判决切合社会常理与正义;或应举轻以明重地对《民法典》第 145 条采当然解释,认定无民事行为能力人纯获利益的民事法律行为有效。

应说明的是,上述案例 10 既属前述法有明文规定却未予法解释,而径直适用法律规范的机械司法裁判情形,又属法无明文规定时的机械司法裁判情形。因为,就对《民法典》第 144 条采目的性限缩解释,将无民事行为能力人纯获利益的民事法律行为排除在该条规定之外而认定为有效而言,该案上述认为案涉赠与民事法律行为无效的观点,则属前述法有明文规定却未予法解释,而径直适用法律规范的机械司法裁判情形;自对《民法典》第 145 条采当然解释,认定无民事行为能力人纯获利益的民事法律行为有效而言,该案上述认为案涉赠与民事法律行为无效的观点即属法无明文规定时的机械司法裁判情形。

也有意见认为,依据《民法典》第 144 条之规定,认定无民事行为能力人纯获利益的民事法律行为无效,并不会导致对无民事行为能力人的不利保护,因为,对无民事行为能力人来说,可由其代理人实施该种行为。[1] 对此观点,笔者不能苟同。理由是,首先,对无民事行为能力人纯获利益的民事法律行为的保护首应体现在立法层面和法律适用层面,立法层面若缺失明文规定,则应在法律适用层面通过法解释予以保护,而非放弃立法层面保护,否定法律适用层面保护,单纯寄望于在代理人行为层面予以保护。社会生活复杂多样,若代理人的行为不利于无民事行为能力人,无民事行为能力人纯获利益的法律行为又将如何保护?其次,若一方面认为无民事行为能力人纯获利益的民事法律行为无效,另一方面又认为限制民事行为能力人纯获利益的民事法律行为有效,则凸显立法对未成年人保护标准不一,对本应更特别关切的无民事行为能力人之保护反倒弱于对限制民事行为能力人的保护,立法逻辑不通,价值取向失当。

第二节　感性司法型裁判思维模式

一、感性司法型裁判思维模式概述

前述可知,感性司法型裁判思维模式,是指案件裁判脱离法源内应予适用的法依据,法官依其情感倾向,直接以公平正义、

---

〔1〕 最高人民法院民法典贯彻实施工作领导小组:《中华人民共和国民法典总则编理解与适用》(下),人民法院出版社 2020 年版,第 724 ~ 725 页。

道德伦理、社情民意或以与案涉争议明显无关的民商事法律规范为据进行案件裁判的一种裁判思维模式。感性司法型裁判思维模式是办案法官在案件裁判中情绪化的表现，通常表现为置法律效果于不顾，一味迎合社会效果的恣意裁判，割裂法律效果与社会效果的有机统一。究其实质，则是不庄敬法律，不信仰法治，不相信法律能够解决社会问题，是法律虚无主义在民商事案件裁判过程中的反映。

感性司法型裁判思维模式的特征为：一是案件裁判缺失法依据，或所适用的法依据明显不适用于案涉争议，或直接以公平正义、社情民意作为裁判依据，这与“死扣法律条文”，不对民商事法律规范进行目的性考量的机械司法不同。二是裁判结论并不一定都失当，这也与“削足适履”，得出背离社会需求的不妥适的裁判结论的机械司法型裁判思维模式有所不同。在案情简单的情形下，感性司法型裁判思维的裁判结论有可能是妥当的，只是其脱离了法律适用思维的轨道，不以民商事法律规范为依据，而表现为根据情感倾向进行裁判的“超级自由裁量”。三是裁判结论通常注重对社会效果的追求。秉持感性司法型裁判思维模式的法官，通常视民意、情理以及朴素公平观为案件裁判的重要依据，缺乏以法律为据对案件的理性剖析，对社会舆论的反应过于感性化、情绪化，比较容易被社会舆论影响，左右其对案件事实情节的分析与认定。感性司法型裁判思维模式漠视法律适用，放弃在已有法源内寻求与伦理常情、正义公平相一致的裁判依据，忽视案件裁判的法律效果。

感性司法型裁判思维模式形成的主要原因有四方面：第一，

为传统法官的平民性特点思维所影响。在民行不分、民刑不分之司法制度模式下,一方面,传统法官视自己为“父母官”,将司法诉讼当作行政事务来处理,将案件裁判当作对平民百姓进行行政管理绩效的明证;另一方面,社会大众对“父母官”的期待与评价,也是着重看其裁判案件能否做到“为民做主”。在这种司法传统中,案件审判程序及作出的裁判结论会不可避免地接受社会各种价值观念的评判和检验,因此,传统法官便会非常在意社会大众对判决的评价和社会大众是否接受。传统法官为提高案件裁判的可接受性,则依据既有的法律文化传统、道德伦理、价值观念、社会习俗来作出迎合民意诉求的裁判结论,使个案社会正义得以实现,保障裁判结论与社会大众的法律心理相一致。于是,司法很大程度上受到以顺应现实为基本价值取向的“合理主义”的影响。[1] 这种观念对现今一些法官在案件裁判中的思维仍有影响。第二,受法院将“人民满意”作为司法目标追求的影响。随着社会法治进程的不断加快,法文化、法治生活的日益深入人心,社会大众的法律意识、权利意识不断提高,法理念不断增强,其对司法机关的案件裁判活动的期望与要求也越来越高,其参与司法活动、评判司法效果的愿望也越来越强烈。法官在寻求如何使“人民满意”“社会大众赞同”的案件裁判结论时,通常以个人的社会经验、价值观为判断依据,这样法官因情感倾向而裁判也就在所难免。第三,法官欠缺对法律知识的系统性

---

〔1〕 孙笑侠、熊静波:《判决与民意——兼比较考察中美法官如何对待民意》,载《政法论坛》2005 年第 5 期。

掌握，对法律适用方法不了解，对法律适用技术缺乏钻研的兴趣，对法律规范本身不熟悉，没有规范预期，也是法官的感性司法型裁判思维模式形成的重要原因。第四，一些地区尤其是发达地区案多人少，法官超负荷办案，无暇钻研法律适用及案件裁判，存在以朴素的社会公平观而非以理性的法律分析裁判案件的思维模式。

感性司法型裁判思维模式具有以下弊端：一是不能准确定性案涉法律关系，对法律关系定性随意，往往是为情绪化的裁判结论随意地寻找法律上的理由。二是法治信仰不足，淹没法律的内在价值。三是由于不在民商事法源内寻找裁判依据，不进行理性的法律适用分析，而是仅以公平正义或伦理道德作为裁判根据，即使在个案实现正义的司法实践中，一旦缺失了民商事法律规则的指导，也即沦为偶然或巧合，无法保障在此后的相同或相似案件中，能得到前后一致的裁判结论，获得一种系统的、可持续的、总体的良好后果。四是不受民商事法律的约束，这种思维模式必将更多依赖法官个人的道德评判，或者更多依赖大众关于案件裁判的不稳定的情绪化看法与观点（而民众情绪则通常以朴素的公平观、正义感为立足点，以单纯的善恶、对错为标准，习惯从社会伦理、道德情感的角度来认识问题、分析问题，在情感上往往倾向于受害者），或者两者兼而靠之，这样理性的判决便容易为个人直觉所替代，司法的同等保护将无法实现。[1]五是对需要运用正确的法律适用方法进行理性分析后，才能得

---

〔1〕 苏力：《法条主义、民意与难办案件》，载《中外法学》2009 年第 1 期。

出妥适结论的疑难案件，这种感性司法型裁判思维模式对正确裁判结论的得出无所助益，显得捉襟见肘。

二、感性司法型裁判思维模式的类型

依据案件裁判的依据不同，可将感性司法型裁判思维模式分为直接以公平正义、伦理道德或社情民意作为裁判依据的感性司法型裁判思维模式和法律适用错误的感性司法型裁判思维模式。

(一)直接以公平正义、伦理道德或社情民意作为裁判依据的感性司法型裁判思维模式

该种类型的感性司法型裁判思维模式，通常不在已有法源内寻求裁判依据，抛却法律适用，而是根据法官的情感倾向，直接以公平正义、伦理道德或社情民意作为案件判断与裁判的依据。前述案例 1 中“郭某对其舅舅生前扶养照顾颇多，其在舅舅去世后又尽心办理丧葬后事，理所应当分得遗产，法院若不判决 J 银行 A 支行向有权分得该遗产的郭某交付该遗产，对郭某诉讼请求不予支持，明显背离情理，故应支持郭某的诉讼请求”之第二种观点，前述案例 2 中“刘某没有任何过错，其作为普通消费者，已尽了普通消费者所能尽到的所有维权事务。若本案不支持其诉讼请求，情理难容，故应判决支持其诉讼请求”之第二种观点，以及前述案例 3 中“甲公司清偿债务困难，李某是被张某暴力胁迫签订案涉《协议书》，受让张某对甲公司的债权，如不支持李某主张，不仅有违情理，对李某不公平，而且还有违公平正义，故应判决支持李某诉讼请求”之第二种观点，均属该种情形。

（二）法律适用错误的感性司法型裁判思维模式

法律适用错误的感性司法型裁判思维模式，是指案件法律关系定性错误，将明显不适用于案涉争议的法律规范作为裁判依据，而对本应予适用的法律规范却不予适用。以下面案例予以说明。

案例11　赵某诉夏某借款合同纠纷案

2014年1月24日，赵某通过银行将6000元汇入夏某的银行账户。赵某称，夏某以急需资金交纳房租为由，向其借款6000元，当时没有出具借据，其多次索要未果，故起诉要求夏某返还借款及利息。夏某称，该款是赵某自愿加盟其经营的茶庄的费用，不同意返还，但双方均拿不出证据证明各自的主张。

法院认为，基于同一案件事实，一方没有法律上的根据，获取财产利益，同时造成另一方的财产损失，构成不当得利，获取利益的一方应返还该利益予受有损失的另一方。该案中，夏某取得案涉款项没有合法根据，遂判决夏某应当返还赵某6000元。[1]

对该案，原告赵某以其向夏某汇款6000元为据，诉称其与被告夏某之间存在借贷法律关系，夏某虽确认收到赵某汇款6000

〔1〕 裴晓兰：《收到6000元说不清，法院称属不当得利》，载《京华时报》2014年12月2日，第11版。

元,但辩称该款是赵某向其经营的茶庄进行投资的款项,两人之间属合伙经营关系。仅从赵某向夏某汇款,夏某收取汇款这一案件事实无法确定双方之间存在何种法律关系。因为这一事实本身背后存在多种法律关系——有可能是赵某借款予夏某的借贷关系,有可能是赵某向夏某还款的债务清偿关系,有可能是赵某赠与夏某钱款的赠与关系,有可能是赵某委托夏某为其处理某项事务的委托关系,有可能是赵某与夏某合伙经营茶庄的合伙关系,有可能是赵某向夏某购买物品的买卖关系,还有可能是不当得利关系等。依此而言,从静态角度分析该案,如果赵某不能提供其他证据佐证其与夏某之间存有借贷关系,赵某的诉讼请求即难以得到支持。但若结合被告夏某辩称其与赵某之间属合伙经营关系之答辩动态地来分析该案,则可确认该案赵某与夏某之间要么是借贷关系,要么是合伙关系,对其他诸如赠与、买卖、委托、不当得利等可能的法律关系则均应予以排除,案件审理则应围绕当事人之间究是属借贷关系还是合伙关系来认定。该案疑难之处在于,赵某诉称存在借贷关系的唯一证据即向夏某汇款 6000 元的汇款凭证。夏某辩称该 6000 元是赵某的投资款,两人之间属合伙经营茶庄的关系,除其收取赵某汇款的 6000 元外,也没有其他任何证据可以佐证其诉称的合伙关系,双方的法律关系定性困难。面对当事人双方之间已排除存在其他法律关系,要么是借贷法律关系,要么是合伙法律关系的情形下,究应认定是借贷关系还是合伙关系,究应采信原告的主张还是被告的主张,则应结合证据及案件诉讼情形来分析认定。

该案中，赵某主张其与夏某间是借贷关系，而仅从其提交的汇款凭证之证据尚不足以认定，该主张也不可信，但若结合夏某诉称该案属合伙关系却不能提交任何证据予以证明的诉讼情形来看，赵某的主张则变得可信。借贷关系事涉借款人和贷款人，除借款人、贷款人外的其他人很难知晓，若借款人借款时无书写借据，贷款人举证将更为困难，借据几成唯一证据。若欠缺借据，即使借贷关系真实存在，贷款人不能充分举证予以证明则为诉讼常态。而合伙关系除涉及合伙人外，还涉及与其交易的相对人，该交易相对人也可能了解当事人之间的合伙关系。此外，合伙协议、营利时如何分红及亏损时如何分担的约定、双方在交易中的签名及合伙人间的电话、电子邮件等都可成为合伙关系的证据，也即合伙关系之证据存在的范围较借贷关系之证据存在的范围宽广，合伙关系的举证相对借贷关系而言自然也较为容易。在通常情形下，若合伙关系真实存在，合伙人不能提交任何合伙证据的诉讼情形也很少见。由此，夏某辩称其与赵某之间存在合伙关系，却不能提交任何证据予以佐证，故其辩解不可信，这可反证赵某诉称其与夏某之间存有借贷关系的主张可信，故应认定赵某与夏某之间存有借贷关系，夏某应偿还 6000 元借款予赵某。

而该案判决却非上述裁判思路，法官认为原告赵某不能举证证明借贷关系的存在，被告夏某不能证明合伙关系的存在，故应认定构成不当得利，遂适用关于不当得利的法律规定，判决夏某返还赵某不当得利 6000 元。在这里，赵某并未主张不当得利，而法官却按不当得利裁判，超出了民事诉讼"不告不理"[1]的诉讼原则，适用法律欠缺谨慎。此外，法官仅以夏某不能举证证明该6000元属赵某的投资款为由，即认定夏某取得该汇款没有合法根据而属不当得利，显然是将本该由赵某承担的举证证明夏某取得6000元汇款没有合法根据的举证责任分配给了夏某承担，属举证责任分配错误。在赵某于该案既未主张不当得利，也未举证证明夏某取得6000元汇款没有合法根据而构成不当得利的情形下，法官另辟蹊径地认定案涉汇款属不当得利，这既折射出法官对不当得利概念、构成要件及举证责任认识的模糊及其对不当得利法律规定的滥用，也反映出其想借助不当得利之法律制度对原告权益予以保护的明显的情感倾向。其裁判的逻辑推理思路可概括为：赵某给夏某汇款6000元，赵某既不能证明是借贷，夏某也不能证明是合伙投资，那就应认定为不当得利。如上所述，单从汇款这一事实来分析当事人之间的法律关系，其法律关系是多样的，并非只限于借贷、合伙及不当得利三种情形，法官在众多可能的法律关系中随意选择认定为不当得利，不仅有违逻辑，更反映出其感性司法所产生的恣意裁判。

案例12　王某诉刘某执行异议之诉案

被告刘某因资金周转困难，向原告王某借款170万

[1] "不告不理"，是指对未经起诉的事情法院不予受理的诉讼原则，早在奴隶制的古罗马诉讼中就已出现，近代资产阶级在反对封建专制诉讼的过程中，继承了古代罗马的"不告不理"原则并加以发展。《法国民事诉讼法典》第1条和《日本民事诉讼法》第176条、第231条，都规定了"不告不理"的审判原则。

元。刘某以其自有车辆一台为其债务设定动产质押，并向王某交付了该车辆。其后，刘某向王某借用该车辆，王某同意借该汽车由刘某使用，并由刘某占有该车辆。数月后，刘某的其他债权人张某申请法院查封了该辆汽车，在对该车辆强制执行过程中，王某以其对该车辆享有质权为由提出执行异议，后被法院裁定驳回，遂提起执行异议之诉，请求判令停止对该车辆的强制执行。

法院经审理认为，刘某设定质权时已将质押物交付王某，依原《物权法》第 212 条（现为《民法典》第 429 条所承继）的规定，刘某的质权成立。此后，王某虽返还车辆予刘某，但对质权的成立不生影响，遂判决支持王某的诉讼请求。

该案中，依原《物权法》第 212 条"质权自出质人交付质押财产时设立"之规定，刘某将车辆交付王某时，王某对案涉车辆即享有质权。在王某将案涉车辆返还刘某时，依据最高人民法院《关于适用〈中华人民共和国担保法〉若干问题的解释》（以下简称《〈担保法〉解释》）第 87 条第 1 款后半段"质权人将质物返还于出质人后，以其质权对抗第三人的，人民法院不予支持"之明确规定可知，王某对案涉车辆仍享有质权，只是不得对抗第三人。该处"不得对抗的第三人"之范围应包括质押财产的所有权取得人（如善意取得人）、新质权人（出质人以质押财产再出质后形成的质权人）、经登记的动产抵押权人、租赁人、查封债权人、破产债权人。据此,该案则应判决驳回王某的诉讼请求。该案中,法院判决对该明确规定未予适用,而对明显不应适用的法律规定(原《物权法》第212条)却予以适用,感性司法裁判明显。

该案另需讨论的问题是,我国《民法典》颁布实施后,《〈担保法〉解释》即行失效,该司法解释第87条的规定亦自然失效,但《民法典》对质权设立后,质权人将质押财产返还于出质人之法律后果未设明文规定,那么,质权人返还质押财产予出质人对质权效力有何影响,遂成疑问。对此,有观点认为,《民法典》颁布实施后,在现行法律背景下,质权人返还质押财产予出质人,无论质权人是依自己的意思表示(如交付质押财产予出质人保管、使用),还是非依自己的意思表示(质权人受出质人、债务人的欺诈返还质押财产),质权并不消灭。仅发生该质权"不得对抗第三人"的结果。〔1〕

笔者对此观点不赞同,笔者认为,《民法典》的颁布实施,对质权设立后,质权人将质押财产返还出质人之情形,已由之前《〈担保法〉解释》第87条之规定采纳的质权丧失对抗说,变更为质权消灭说。这须对最高人民法院《关于适用〈中华人民共和国民法典〉有关担保制度的解释》(以下简称《〈民法典〉担保制度解释》)第55条、第56条之规定分别予以分析,因该两条规定即以质权消灭说为据而制定。理由有如下两点。

第一,根据《〈民法典〉担保制度解释》第55条第1款"债权

〔1〕 最高人民法院民法典贯彻实施工作领导小组主编:《中华人民共和国民法典物权编理解与适用》(下),人民法院出版社2020年版,第1189页。

人、出质人与监管人订立三方协议，出质人以通过一定数量、品种等概括描述能够确定范围的货物为债务的履行提供担保，当事人有证据证明监管人系受债权人的委托监管并实际控制该货物的，人民法院应当认定质权于监管人实际控制货物之日起设立。监管人违反约定向出质人或者其他人放货、因保管不善导致货物毁损灭失，债权人请求监管人承担违约责任的，人民法院依法予以支持”之规定，在监管人受债权人委托监管并实际控制质押财产，违反约定向出质人放货之情形下，如果债权人的质权不因丧失占有而消灭，则对出质人占有的质押财产仍享有质权，那么，债权人则既可向出质人行使质权，亦可向监管人追究违约责任。则更合理的规定，应是债权人先向出质人行使质权，再根据质权行使情况确定损失之有无或具体的损失金额后，再向监管人主张违约赔偿。若先向违约人主张赔偿，其损失金额在未行使质权时尚无法确定，违约赔偿亦无法确定。但该条款并未规定债权人可对出质人行使质权，而仅规定“债权人可向监管人追究违约责任”（而非“质权人可向监管人追究违约责任”），并且将“监管人违反约定向出质人或者其他人放货”之情形与监管人“因保管不善导致货物毁损灭失”之质权消灭情形并列规定，意将两种情形作类似情形而相提并论。此可合理折射出，债权人的质权已因监管人将质押财产返还出质人而消灭。此亦表明，该条款的制度安排是以质权消灭说为法理依据的。

第二，根据《〈民法典〉担保制度解释》第56条“买受人在出卖人正常经营活动中通过支付合理对价取得已被设立担保物权的动产，担保物权人请求就该动产优先受偿的，人民法院不予支持,但是有下列情形之一的除外:(一)购买商品的数量明显超过一般买受人……前款所称出卖人正常经营活动,是指出卖人的经营活动属于其营业执照明确记载的经营范围,且出卖人持续销售同类商品。前款所称担保物权人,是指已经办理登记的抵押权人、所有权保留买卖的出卖人、融资租赁合同的出租人"之规定,则可知,对于已办理抵押登记的抵押权人来说,买受人在出卖人正常经营活动中通过支付合理对价取得动产所有权的,抵押权人即不能主张优先受偿。因为出卖人对动产抵押财产的占有具有权利公示性、公信性,买受人据此则可对抗已办理抵押登记的抵押权人。依此而论,对于已办理质押登记的质权人来说,质权人将质押财产返还出质人,如果质权仍存续,买受人在出质人(出卖人)正常经营活动中通过支付合理对价取得动产所有权的,同理,则该质权亦不能对抗买受人。如此,该条款中的担保物权人无疑应包括办理质押登记的质权人,但该条款却明确排除了办理质押登记的质权人,对此之合理解释,只能是如果质权人将质押财产返还出质人,则质权人的质权即消灭。据此可佐证,该条款的制度安排亦是以质权消灭说为法理依据的。已办理质押登记的质权尚且如此,未办理质押登记的质权更是如此。

对上述司法解释两条规定的分析可知,该两条规定的制度安排均是以质权消灭说为法理依据,此无疑已改变了《〈担保法〉解释》第 87 条第 1 款之规定所采纳的质权丧失对抗说。在现行法律以质权消灭说为法理依据,但《民法典》对此又无明文规定的情形下,于法律适用层面而言,可将质权人将质押财产返还出质人之情形涵摄于《民法典》第393条“有下列情形之一的，担保物权消灭……(三)债权人放弃担保物权……”之规定中，也即对该法条第3项规定的债权人放弃担保物权，担保物权消灭作目的性扩张解释而予以适用，认定该种情形下质权消灭。理由如下。

第一，“质权人将质押财产返还于出质人”与“质权人放弃质权”属类似情形，法律效果应为相同处理。质权人质权的设立，须以转移质押财产的占有为质权成立要件与存续要件，此旨在确保质权之留置作用，因为只有留置标的物，方能发挥担保作用。质权人欲行使质权，占有质押财产既是前提，也是留置质押财产的当然结果。质权人依其自己意思返还质押财产，失去质押财产之占有，致质权存续条件不存在而使质权消灭。就质权人依其自己意思，返还质押财产而致质权消灭而言，此与质权人依自己意思放弃质权而使质权消灭具有同一性；就质权人仅有返还质押财产，本意无消灭质权却产生了质权消灭的法律效果而言，此与质权人本意即消灭质权也发生了质权消灭法律效果的质权人放弃质权又具有差异性。两者的差异性不足以否定两者的类似性，更不妨碍两者相同处理结论的妥当性。正如考夫曼所言，“类推介于‘同一’和‘差异’之间”。[1] 是故，两者属类似情形，法律效果应相同。

第二，对质权人将质押财产返还出质人之法律后果，凡采质权消灭说的国家或地区的民事立法，均多按照质权人默示抛弃

---

〔1〕［德］考夫曼：《法律哲学》，刘幸义等译，法律出版社2004年版，第118页。

质权而规定质权消灭。对质权人将质押财产返还出质人之法律后果,通常有两种立法例:一种是采质权丧失对抗说,即认为,质权人返还质押财产予出质人,质权不消灭,但不得对抗第三人。如《日本民法典》第352条"动产质权人非继续占有质押财产,不得以其质权对抗第三人"之规定。另一种是采质权消灭说,即认为,质权人返还质押财产予出质人,质权即行消灭。凡采质权消灭说的国家或地区的民事立法,多按照质权人默示抛弃质权而规定质权消灭。例如,《德国民法典》(第1253条第1项)和《瑞士民法典》(第888条第2项)均规定,当在质权设立后把质押物返还给质权设立人时,质权因此而消灭。民法学者谢在全还进一步论述,所谓返还质物,是指质权人基于自己之意思,将质物之占有移转于出质人而言,返还之原因为何,则非所问。租赁或借贷交付为返还,因错误或被诈欺而交还质物者也为返还。质权人已返还质物而丧失质物之占有,质权之存续要件已有欠缺,自应归于消灭。[1] 日本民法学者我妻荣也认为,既然禁止采用占有改定的立法理由是为了确保留置效力,那么当质权人自己放弃该留置效力时,质权因此而消灭的结论是正确的。[2]

由上述可知,我国法律对质权人将质押财产返还出质人的法律后果,已改采质权消灭说。在法律依据上,可对《民法典》第393条"有下列情形之一的,担保物权消灭:……(三)债权人放弃担保物权……"作目的性扩张解释而适用。

---

〔1〕 谢在全:《民法物权论》,中国政法大学出版社1999年版,第798页。

〔2〕 [日]我妻荣:《新订担保物权法　我妻荣民法讲义Ⅲ》,申政武、封涛、郑芙蓉译,中国法制出版社2008年版,第121页。

第三节　立法研究型裁判思维模式

一、立法研究型裁判思维模式概述

如前所述,立法研究型裁判思维模式是指,法官在民商事案件裁判过程中,面对要裁决的案件争议,不是积极探求在法源内如何解决案涉争议,寻找或发现可适用于案涉争议的裁判依据,追求裁判结论利益平衡,最大限度地与社会正义、伦理常情相吻合,而是对已有法律规定抱有质疑、批判态度,以案件所涉争议作为对已有立法批判的例证,并以此佐证已有立法存在瑕疵,从而提出补充或修改已有法律的建言,目的在于期待有完善的立法可供案件裁判,而忽略探研个案法律适用的一种裁判思维模式。

立法研究型裁判思维模式是立法领域的立法研究思维在司法实践中的延伸和继续。我国在改革开放初期由计划经济向市场经济转型,社会经济生活各个领域处于立法亟待完善的局面,要求立法者尽快制定符合市场经济运行的各种民商事法律制度。于是,尽快填补立法空白,及早完善法律体系理所当然地成为法治建设中的首要任务,也成为学者研究民商法制度的目标和职责,更成为高等院校法学教育中的法学专业本科生、研究生研习法学的不二方向。这样,以立法为重心的法制建设,构成了改革开放以来法治运行、法治教育的主旋律。在此过程中,社会急切呼唤调整社会主义市场经济运行的各领域的法律早日出台,学者养成了一触碰现实问题或案件争议,即不自觉地诉诸立法层面寻找问题解决方式的思维模式,视完善的立法才是解决所有案件争议的“良方”，忽略了对法律适用的研究和探索，存在用不断完善立法的方式来取代法律适用的立法情结。学者的这种思维模式，被其教授过的法学专业的学生继承，在他们大学或研究生毕业后进入法院，成为法官进行案件裁判时，则容易表现为针对案件所涉纠纷，不是积极在现有法源内寻求解决案涉争议的法依据，而是先检视该争议是否折射出立法层面的不足或缺失，并以此来评判民商事法律规定是否需要进一步完善的立法型裁判思维模式。因为，他们在法学院学习、掌握的法学知识内容，主要是法学基本理论及根据这些理论如何“制定纸面上的法律”（law in paper），[1]再针对社会上发生的争议，运用逻辑分析，来评判“纸面上的法律”存在的不足之处及如何完善等，他们的普遍思维定式通常是以完善立法为起点和落脚点的，并相信只有不断完善立法，才能有效解决案件争议。他们大多没有系统训练过如何将抽象的法律准确地应用于具体个案的法律适用技艺，也没有系统地探研过以法官为角色定位，去适用法律的思维模式和方法、路径。时至今日，在我国的法学教育中，法律适用这项在法律规范与事实之间来回穿梭，且充满价值判断的司法技艺仍待进一步深入研究。

二、立法研究型裁判思维模式可能的裁判结论

立法研究型裁判思维模式的特点主要表现为在裁判心理上对现有立法不崇尚，不相信已有立法能够妥善解决司法裁判中

[1] 王利明：《法律解释学导论：以民法为视角》，法律出版社 2009 年版，第 1 页。

所遇到的疑难案件争议,从而回避在法源内寻找解决案件争议的法律规范的努力,其思维基点主要是以案件争议为现实素材,并以此揭示现行法律的不足,目的在于关注立法层面如何对已有法律予以完善,而非在已有法律体系内妥适解决案涉争议。但法官不得拒绝裁判,面对要解决的民商事案件争议,法官不能借口民商事立法不完善而不予裁判,在法定办案期限内,必须要给出裁判结论。当此时,持这种裁判思维模式的法官对案件的法律适用,一般有以下三种选择情形。

第一,当其专注于对已有法律规定进行质疑、批判,而不能发现本可解决案涉争议的法律规定时,往往表现为:一方面,对已找到的法律规定予以批判,感到失望;另一方面,又适用该法律规定裁判案件,致裁判结论脱离社会需要或背离一般社会情理,落入机械司法的窠臼;抑或是对已找到的法律规定予以批判、否定,弃之不用,断然直接以公平正义、道德伦理、社情民意或以与案涉争议明显无关的其他法律规范为据裁判案件,陷入感性司法的泥淖。而本可解决案涉争议的法律规定自始至终未被发现。

如前述案例1"郭某诉请J银行A支行交付存款遗产纠纷案"中法官所持的第三种观点,便是该种情形。根据该观点,法官不是尽力研究在已有法律规范内如何适用法律,如何寻找法律依据,如何妥适地解决案件争议,而是认为,由于原《继承法》缺失"遗产管理人"的制度规定,致无"遗产管理人"可以作为"被告",便认定J银行A支行为被告不适格,依据《民事诉讼法》第119条之规定,认定该案不符合案件起诉条件。至于郭某权益如何保护，只能是寄望于立法机关尽快完善“遗产管理人”制度规定，以便该类案件将来能够依法解决。在立法未完善前，对于该案的裁判，只有裁定驳回起诉，无视结果背离常情常理，与机械司法型裁判思维所得观点一致。而实际上，该案在当时有效的法律规定范围内完全可得以妥善解决，只是持该观点的法官未发现本可适用的法律规范而已（第二章有详述）。

如前述案例3“暴力胁迫债权转让纠纷案”中“若不支持李某的诉讼请求，实有违情理、公平与正义，若支持其诉讼请求，则有违法律关于撤销权期间的明文规定。本案凸显法律规定的胁迫合同的撤销权除斥期间为一年有瑕疵，‘一年’太过短暂，若该期间规定的时间长些，本案问题则可迎刃而解。鉴于裁判结论不能与情理、公平有违，更不能与社会正义不合，故应判决支持李某的诉讼主张”之第三种观点，则是对“撤销权行使期间为一年”之法律规定予以否定、抛弃，直接以情理、公平、正义处理案件，陷入感性司法型裁判观点中。而实际上，该案在当时已有的法律规定范围内亦可完全得以妥善裁判，持该观点的法官亦是未发现本可适用的法律规范而已（第二章有详述）。

第二，当适用于案涉争议的法律规定明确，适用该规定不可避免，但依据该规定，使案件裁判结论明显利益失衡或有违社会正义、伦理而应对该规定予以法解释才能适用时，往往表现为：一方面，其对该法律规范予以质疑、批判；另一方面，又不对该法律规定经法解释而直接适用或弃而不用。结论是，要么以“恶法亦法”[1]为慰藉，仍适用该不完美的法律规定，走向机械司法的裁判结论；要么崇尚“恶法非法”[2]，借此表达对已有法律规范的反对，从而否定该法律规定，直接以社会正义、伦理或所谓的社情民意或主流价值观作为裁判依据，以单纯迎合社会效果，转而走向无视法律适用的感性司法的裁判实务。

第三，当适用于案涉争议的法律规定明确，适用该规定不可避免，且适用该法律规定，案涉各方利益虽不能达致完全平衡，但与社会正义、伦理常情无违时，其对该法律规定虽质疑，但亦主张予以适用，终使案件争议得以妥适解决。在该种情形下其对已有法律规定的适用，是被动的、不自觉的适用，而非基于法律适用立场的庄敬法律的自觉的适用。

立法研究型裁判思维的实质混淆了立法和法律适用的作用与功能，崇尚“立法万能论”。在司法实践中，弱化甚至是遮蔽了对法律适用的探索和研究。立法研究型裁判思维模式作为裁判案件的一种思维方式，并不尽然存在于法官裁判案件过程中，学者分析案例有时也会秉持这样的思维模式。[3]

---

〔1〕“恶法亦法”是实证主义法学派的观点，最先提出这一论点的是英国法学家、分析法学派的创始人约翰·奥斯汀，他认为法（实在法）是主权者以制裁作为后盾或威胁的强制命令。法与道德无关，或至少两者不存在必然的联系，法律即使是不道德的或不正义的，但只要是合法地制定的，仍应具有法律效力。

〔2〕“恶法非法”是自然法学派的观点，是以“道德”为评判标准衡量法律的结果，它属于一种以法律之外的其他因素（道德）定义“法”的思维方法。“恶法非法”是作为判断者的人以道德为标尺、从自己的主观立场出发，作出的“恶法”不符合自然法要求的一种论断。这种判断方法在性质上属于反映了判断人主观想法的“价值判断”。

〔3〕范忠信：《遗产赠与的伦理与法理——杭州“小保姆受遗赠案”的几点分析》，载《河南省政法管理干部学院学报》2002年第1期。

案例13　吴某诉郃某、陈某遗产遗赠纠纷案

该案案情如下：吴某是叶某家保姆，并向叶某学习裱画。叶某于1999年9月立自书遗嘱，自愿遗赠自己所有的动产、不动产给吴某。1999年10月，叶某又立公证遗嘱，遗赠自己的住房给吴某。此后，叶某去世。郃某和陈某均为叶某的女儿，两人因对遗嘱存有质疑，遂对存折、字画等遗产予以实际控制。吴某请求郃某、陈某向其交付该遗产被拒，遂起诉至法院，请求法院确认遗嘱有效，确认叶某的全部遗产归其所有，判令郃某、陈某交付存折、字画等。一审法院经审理，对吴某的诉讼请求判决予以支持。郃某、陈某不服一审判决而提起上诉。二审法院经审理，认定叶某的案涉两份遗嘱内容真实，合法有效，应受法律保护。因此，判决驳回上诉，对一审判决予以维持。

有学者在分析案例13时，认为该案判决虽合乎原《继承法》（符合该法第16条第3款的规定，也未违反该法第19条、第28条及最高人民法院《关于贯彻执行〈中华人民共和国继承法〉若干问题的意见》第37条、第38条对遗嘱自由限制的规定），却违背了伦理和法理。[1] 并提出，继承权制度的设立，无论古今中外，其用意均为保证遗产得以在被继承人亲属范围内正常传承，

---

〔1〕 范忠信：《遗产赠与的伦理与法理——杭州“小保姆受遗赠案”的几点分析》，载《河南省政法管理干部学院学报》2002年第1期。

继承权制度应体现“亲属共财”的观念，例如，《法国民法典》就规定，“任何人，不问生前赠与抑或遗赠，他(她)如有一名子女时，其赠与财产总数不得超过一半；有两名子女时，不得超过三分之一”；[1]又如，《日本民法典》规定，“在遗嘱处分财产的情况下，不得违反特留份的规定。通过遗嘱处理遗产，须按照三分之一(继承人中有直系尊亲属时)或二分之一(子女、配偶等)留足特留份”。[2] 上述国家均通过对“特留份”的规定，来保证继承制度“亲属共财”的价值取向。我国原《继承法》在遗嘱继承或遗赠中缺失法定继承人“特留份”的规定，仅有“应当对缺乏劳动能力又没有生活来源的继承人保留必要的遗产份额”及“遗产分割时，应当保留胎儿的继承份额”的规定，对“特留份”主体范围的设定较狭窄，没有体现“亲属共财”之继承伦理。又根据我国原《继承法》第16条“公民可以依照本法规定立遗嘱处分个人财产，并可以指定遗嘱执行人。公民可以立遗嘱将个人财产指定由法定继承人的一人或者数人继承。公民可以立遗嘱将个人财产赠给国家、集体或者法定继承人以外的人”之规定，学者指出，凭借这样的法律规定，任何人对其法定继承人的继承权均可以任意剥夺，使其遗产更容易流向公库，或全部流向继承人之外的私库，以实证这样的法律有违伦理和法理。[3]

上述分析自立法论而言，对我国原《继承法》有关遗嘱继承

---

〔1〕《法国民法典》，李浩培等译，商务印书馆1979年版，第122页。

〔2〕王书江、殷建平主编：《日本最新六法》，海南出版社1996年版，第154~155页。

〔3〕范忠信：《遗产赠与的伦理与法理——杭州“小保姆受遗赠案”的几点分析》，载《河南省政法管理干部学院学报》2002年第1期。

或遗赠的立法规定所作的评价及其经深入分析而揭示的立法待完善之处是中肯的,对立法机关修改完善原《继承法》也是有益的。但在这里,我们却清晰地看到,以上论证与其说是对该案如何裁判进行分析,不如说是以该案的事实及争议为素材,借此对原《继承法》有关遗嘱或遗赠的制度设计进行批判,揭示原《继承法》在“特留份”规定方面的不足,目的是为立法建言。其观点实质表明自立法应然而言,该案中吴某的诉求不应得到支持,但自法律适用角度而言,却回避了对吴某的诉求是否应予支持或该案的裁判是否妥适。一言以蔽之,其并不是自法律适用层面,来探求该案应如何适用法律,如何在法源内妥适解决当事人之间的争议。而是面对争议,批判立法不足,脱离法律适用的立场,陷入司法裁判中的立法型裁判思维模式,对案件的法律适用或案件裁判实无助益。因为即便原《继承法》第 16 条的规定确实存在立法不足,内蕴利益分配失衡,但在司法裁判层面如何用好它,却是另一回事——关乎如何适用法律,如何运用法解释使其符合伦理要求,切合社会需要。倘若经对该法条深入分析,其尚未因利益调整严重失衡而达至令人无法接受的程度,案件裁判时则仍应适用,法院判决则属妥当。若仅分析原《继承法》第 16 条有立法不足,继而认定依据该法条作出的判决有违伦理与法理,却并没有讨论原《继承法》第 16 条在司法裁判时该如何适用,是否应对其进行目的性限缩解释,如果不能,其是否达到了因严重有违利益平衡而已不应再予适用的程度,也没有明示该案若依以上论证,则裁判结论当该如何,法律依据又是什么。

本章结语

机械司法型裁判思维模式过分注重对法律规定的字义理解,漠视或割裂法律适用与社会伦理常情、利益平衡的内在关联,忽略法的实践性品格,认为法律本身即目的,忽略对具体案件的利益考量或法律调整的目的考量;感性司法型裁判思维模式依法官的情感倾向,脱离法律规范的约束,直接仅以公平正义、伦理道德作为裁判依据,实质上是一种背离法治精神的恣意裁判;立法研究型裁判思维模式追求完善的立法,试图以立法的不断完善来裁判纷繁复杂的民商事案件,实质是混淆了立法和法律适用的作用与功能。该三种裁判思维模式涵盖了司法实践中法官错位的裁判思维模式类型,且于司法实践层面普遍存在,影响法律功能的发挥和正确实施,削减司法权威,不利于人们树立法治信仰。那么,在案件裁判过程中,法官应秉持怎样的裁判思维模式?法治要求法官应有的裁判思维模式是崇法型裁判思维模式。

第二章　崇法型裁判思维模式

——法官应有的裁判思维模式

第一节　崇法型裁判思维模式的思维取向及概念界定

在前述第一章案例1“郭某诉请J银行A支行交付存款遗产纠纷案”中，对该案件有前述三种观点：第一种观点认为郭某应分得遗产，但其诉讼请求不能对J银行A支行主张，J银行A支行在被继承人死亡后，只能将遗产交付其继承人，银行没有义务将遗产交付于郭某，故应判决驳回郭某的诉讼请求；第二种观点认为J银行A支行是梁某遗产的占有人，郭某是可分得遗产的人，若对郭某的诉讼请求不予支持，于情理不合，故应改判J银行A支行向其支付该案存款15,000元及利息；第三种观点认为依原《继承法》第14条的规定，郭某虽可分得遗产，但应向遗产继承人主张，在无遗产继承人情形下，可向遗产管理人主张，原《继承法》又缺失“遗产管理人”制度[1]的规定，属立法不完善，致使郭某因无合适的被告可起诉，其起诉J银行A支行不当，应裁定驳回起诉。该三种观点分别属机械司法型裁判思维模式、感性司法型裁判思维模式、立法研究型裁判思维模式，已如前述。

事实上，对该案的处理除此三种观点以外，还有一种观点，即第四种观点。该观点认为，郭某作为生前对梁某扶养较多的人，其分得遗产既合情理，也符合原《继承法》第14条之法律规定，在现有法律体系内，这样的裁判结论一定能实现。依此法律适用之内心确信，对案件进行分析，即可使案涉争议在法律体系内得以妥当解决。

该第四种观点分析如下：该案的关键问题有两个，一是J银行A支行作为该案被告是否适格？二是J银行A支行是否应向郭某支付梁某生前的银行存款？针对第一个问题，郭某作为可分得遗产的人，主张分得遗产，本应向梁某的继承人或遗产管理人主张，但在梁某既无继承人，又无遗产管理人的情形下，J银行A支行作为遗产存款的实际控制人或占有人，其与郭某之间存有法律上的利害关系，郭某以J银行A支行为被告并无不当，也即J银行A支行作为该案被告适格。针对第二个问题，根据原《继承法》第2条“继承从被继承人死亡时开始”的规定，在有遗产继承人的情形下，被继承人死亡后，其生前在银行的存款即归其继承人所有，其继承人可以据此向被继承人生前存款的银行

〔1〕遗产管理人(the legacy caretaker)指当一个人死后没有遗嘱，或没有指定执行人时，又或者当指定的执行人无法或不愿执行遗嘱时，遗产管理人将由法院指定。

主张交付存款及利息。若有可分得遗产的人,该可分得遗产的人应依据原《继承法》第 14 条[1]的规定,向遗产继承人主张分得适当的遗产,而不能请求存款银行向其交付应分得的存款,存款银行也不负向其交付存款的义务,此时,其无权依据原《继承法》第 14 条的规定诉请存款银行向其交付存款。因为存款银行虽实际控制或占有该存款,但该存款为遗产继承人所有,银行无权向存款所有人以外的其他人交付该存款。但在没有遗产继承人又无受遗赠人的情形下,该遗产即属无人继承无人受遗赠的财产,存款银行对该存款的占有,属对无人继承无人受遗赠的遗产的占有,其与应分得遗产的人之间遂形成直接的利害关系,应负有向可分得遗产的人交付其应分存款份额的义务。此时,对可分得遗产的人来说,原《继承法》第 14 条应予以适用。由此可知,存款银行对可分得遗产的人负有交付存款义务的前提是,作为遗产的存款须是无人继承且无人受遗赠的财产,在该财产未被认定为无人继承又无人受遗赠的财产之前,该存款是否为可分得遗产的人所有不能确定,存款银行则不负有向可分得遗产的人交付存款的义务。联系该案,郭某诉称梁某没有继承人,梁某生前也未立遗嘱处分案涉银行存款,据此经初步判断,案涉 15,000 元存款属无人继承无人受遗赠的财产可信,如果对此能予以确认,郭某又是可分得遗产的人,J 银行 A 支行应负有向郭某交付该银行存款的义务,也即该案应适用原《继承法》第 14 条

---

[1] 原《继承法》第 14 条规定,对继承人以外的依靠被继承人扶养的缺乏劳动能力又没有生活来源的人,或者继承人以外的对被继承人扶养较多的人,可以分给他们适当的遗产。

而进行裁判。但问题是,如何认定案涉存款属无人继承无人受遗赠的财产?对此,由于该认定事关梁某继承人和遗产受遗赠人的利益问题(在未依法定程序确认之前,梁某是否有继承人或遗产受遗赠人当属不确定事项),当然不能仅以案件审理过程中郭某的单方举证而加以认定,而应依《民事诉讼法》关于认定财产无主案件的程序规定而加以认定。为此,在案涉存款遗产未被认定为无主财产前,该案应中止审理,由郭某向存款银行所在地基层人民法院提出认定财产无主的申请,待法院判决认定财产无主后,该案再继续审理,依据原《继承法》第 14 条的规定,判决 J 银行 A 支行向郭某交付案涉存款及利息。至此,"郭某应分得遗产"这一合乎社会情理的价值判断,在法律体系内即得到了妥当的解决。

综上,结合该案前述的三种观点,关于该案共有四种观点。对该四种观点进行比较可知:第一种观点,也即秉持机械司法型裁判思维模式的法官观点。其认为,依据原《继承法》第 14 条的规定,可分得存款遗产的人,只能是向遗产继承人或遗产受遗赠人主张,而不能向存款银行主张。即使在既无遗产继承人又无遗产受遗赠人的情形下,也应是如此。这既是对原《继承法》第 14 条之规定的片面的、机械的理解,也是对一般社会情理或社会效果的忽视。第二种观点,也即秉持感性司法型裁判思维模式的法官观点。其认为,郭某对其舅舅梁某生前扶养较多,在其死后,又对其进行了丧葬,该遗产存款由郭某取得合情合理。便坚持认为,该案应判决存款银行向郭某交付该遗产存款。很明显,该观点只关注社会情理或社会效果,根本不管是否有法律依据的问题,背离了法律适用的根本。第三种观点,也即秉持立法研究型裁判思维模式的法官观点。其认为,该案件争议暴露了"遗产管理人"法律制度的缺失,该制度的缺失,导致该案被告的缺失,因此,郭某于该案之"诉"不能成立,应予以驳回起诉。这表明,该观点只关注原《继承法》中的法律规定是否完善的问题,对该案如何适用法律并不深入探究,忽略法律适用作为案件裁判之专门技艺的独立存在价值。第四种观点,既找到了法律依据,又使案件裁判结论与一般社会情理相符合,也即完成了法律效果与一般社会情理或社会效果的有机统一,无疑是四种裁判观点中最妥当的一种。

对上述分析,概言之,机械司法型裁判思维模式,只考虑现行法律规定的字义内容,忽略法律适用或案件裁判的社会效果,忽视法律应满足社会需要的实践性品格;感性司法型裁判思维模式,只关注社会情理或社会效果,无视法律的功能与作用,从根本上否定了法律的价值;立法研究型裁判思维模式,对已有法律持怀疑、批判态度,只相信完善的立法才能解决案件纠纷,模糊了法律适用与法律制定的界限,忽略了法律适用本身即案件裁判不可或缺的专门技艺的独立性价值。该三种裁判思维模式,对于案件法律适用而言,均有重大瑕疵,而不应为法官所秉持。

该案第四种观点所折射出来的思维取向为:在思维理念上,追求案件裁判结论与一般社会情理或社会效果相吻合;在思维依据上,主张裁判结论之依据,须在现有法源内寻找和发现,必要时可辅以法律解释为手段;在法律适用上,对现有法律庄敬确信,而非质疑和批判。

前述第一章案例 2 中除法官认为刘某提交的手机非甲电器公司销售给刘某的那部手机，刘某不能提交原物，不符合合同解除条件，刘某的诉求不应支持之机械司法型裁判思维模式，以及法官认为若不支持刘某的诉讼主张，则于情理不通，刘某作为消费者无任何过错，故应判决支持其诉讼请求之感性司法型裁判思维模式两种裁判思维模式外，在二审时也还另有一种观点，也即关于该案的第三种观点。持该观点的法官，也坚信在现有民商事法律规范内，一定能够找到与社会情理不冲突的法律依据适用于该案裁判。

该观点分析认为：刘某与甲电器公司之间成立手机买卖合同关系，甲电器公司销售给刘某的手机存在质量问题，其负有修理、更换的义务。刘某提交的《三包凭证卡》及《维修服务网点名录》表明，乙电讯公司、丙电讯公司系甲电器公司向手机购买人指定的手机维修方。乙电讯公司、丙电讯公司受托对案涉手机进行维修，并不能免除甲电器公司对售卖给刘某的手机的质量瑕疵担保义务，可认定其为甲电器公司对刘某履行合同义务的履行辅助人，丙电讯公司对刘某手机的更换，即可视为甲电器公司的更换，刘某将原物交付丙电讯公司，即等于已将原物交付甲电器公司。刘某手持的更换后的手机仍存在严重质量瑕疵，依据原《合同法》第 65 条（现为《民法典》第 523 条所承继）“当事人约定由第三人向债权人履行债务的，第三人不履行债务或者履行债务不符合约定，债务人应当向债权人承担违约责任”之规定，甲电器公司仍应承担违约责任。刘某诉请解除其与甲电器公司之间的手机买卖合同，符合合同解除的法定条件，对其诉讼请求应予以支持。至此,该观点与案例 1 中的第四种观点一样,既为案件争议解决找到了法律依据,又使裁判结论与社会情理相一致,实现了法律效果与社会效果的统一。

同样地,该观点与案例 1 中的第四种观点一样,法官在案件裁判的思维模式上,也表现了“在思维理念上,追求案件裁判结论与一般社会情理或社会效果相吻合;在思维依据上,主张裁判结论之依据,须在现有法源内寻找和发现,必要时可辅以法律解释为手段;在法律适用上,对现有法律庄敬确信,而非质疑和批判”这样的案件裁判思维取向。

此外,前述第一章案例 3 中除前述三种观点外,也还另有一种观点,即第四种观点。该观点坚定主张在现有法律规范体系内,一定能够找到最妥当的法律适用方案处理该案,使裁判结论与伦理常情、正义公平相一致,且也已找到了该裁判方案。该观点认为,该案债权转让虽属张某胁迫李某在案涉《协议书》上签名,但该案与通常的胁迫合同不同。通常的胁迫合同,是以受胁迫者的人身、财产将要受到损害为要挟,现实的侵权尚未发生,受胁迫者虽遭受胁迫,意思表示受有影响,不完全自主,却并未完全丧失意思表示自主性。因此,为保护受胁迫者,法律将通常的胁迫合同规定为可撤销合同,该合同是否能够保有法律效力,由受胁迫者决定。若受胁迫者于胁迫行为终了后不愿受该合同约束,则可在一年期间内行使撤销权,撤销该合同,使该合同自始不发生法律效力;若其自愿受该合同约束,则可不予行使撤销权而持续保有该合同法律效力。因受胁迫合同不涉及公共利益,不排除合同对受胁迫者反而有利的情形发生(如被胁迫购房合同,因房价上涨,对受胁迫的买房人反而有利),是故,法律并不直接规定胁迫合同为无效合同。而该案中张某属暴力胁迫,属逼迫,李某被不断电击、殴打,其人身已遭受严重侵害,侵权行为正在发生。在此情形下,李某除在案涉《协议书》上被迫签名外,别无选择,其对是否受让案涉债权,已无丝毫意思自主表示的自由空间,对案涉合同成立更无任何合意可言,而合同则是双方意思表示一致方能成立的法律行为,由此,可当然认定,李某与张某之间的案涉债权转让合同根本不成立。案涉合同既不成立,张某取得的10万元债权转让款则于法无据。是故,李某诉请张某返还该10万元及利息,理由充分,依法应予以支持。由于案涉合同不成立,故该案不存在案涉合同撤销问题,更谈不上李某超过撤销权期间的问题。至此,该案撤销权之梗阻已不是问题,经妥当的法律适用,该案圆满实现在已有法律规范体系内,使裁判结论与情理、公平正义相吻合。需说明的是,根据该观点,李某尚未支付给张某的余款90万元因合同不成立亦无须支付,更合情理与公平。而根据前述第一种观点,李某撤销权因过除斥期间而消灭,案涉合同仍为有效合同,此意味着,李某尚未支付的90万元余款仍应向张某支付,显然,此结论令人更难以接受,更荒谬,机械司法危害性昭然。

该案上述观点与案例1中的第四种观点及案例2中的第三种观点一样,在案件裁判思维模式上,也彰显出在现有法源内一定能够寻找到使裁判结论与社会情理、正义公平价值观完全吻合的法律适用依据。

再根据第一章中对案例4“张某诉卢某伟、卢某洪、A保险公司人身伤害赔偿案”、案例5“区某诉‘李某英’离婚纠纷案”、案例6“张甲请求确认婚姻无效案”、案例7“李某诉张某房屋买卖合同纠纷案”、案例10“周某诉张乙、张甲、李某赠与合同纠纷案”、案例11“赵某诉夏某借款合同纠纷案”、案例12“王某诉刘某执行异议之诉案”的裁判分析，对上述案例的分析结论进行综合归纳，则不难发现，上述案例亦彰显出如下的裁判思维认知：凡社会效果好的民商事案件裁判，均以已有民商事法源为裁判依据；凡社会效果好的案件裁判，适用民商事法律时，须不能拘泥于法律条文的字义内容，必要时，须对法律予以法解释后方可适用；凡社会效果好的案件裁判，其裁判结论应体现法律效果与社会效果的有机统一。

再将上述案例1中第四种观点与案例2中第三种观点、案例3中的第四种观点所共同折射出来的“法官裁判案件，应追求裁判结论与社会效果相吻合，裁判依据应在现有法源内寻找和发现，对现有法律坚定信任，而非质疑和批判”之法官裁判思维取向与该裁判思维认知进行对比可知，法官的这些裁判思维取向或裁判思维认知在其内在关联上实完全融合与一致。由此，则可得出，在民商事案件裁判过程中，若欲取得社会认可的妥当的裁判结论，法官裁判思维模式的思维取向应是，法官适用法律，必须在现有法源内寻找裁判依据，庄敬确信现有法律，以限制法官在裁判中的恣意，实现法律的价值；法官适用法律，不能仅拘泥于法律条文的字义内容，必要时，须对法律予以法解释后方可适用，此既能防止法律不当影响社会生活，又能满足社会发展的需要，体现法律的实践性品格；法官适用法律，案件裁判结论不能有悖社会正义公平、不能有违伦理常情,应追求法律效果与社会效果的有机统一。简言之,可概括为,“案件裁判的法律适用,应以现有民商事法源为依据,以法律解释为手段,追求法律效果与社会效果相统一的最妥当的裁判结论”。笔者将秉持该种裁判思维取向的案件裁判思维模式,称为崇法型裁判思维模式。

一、以民商事法源为依据

民商事法源,是指民商事法律、国家政策、习惯及法理。[1] 在案件裁判过程中,民商事法律、国家政策、习惯及法理均可作为案件裁判的依据,虽然此已成为通说,但与此相关的问题尚需深入探讨,尤在《民法典》颁布实施后。

(一)宪法条款可否直接适用

民商事法律,除《民法典》外,还包括如《公司法》《保险法》《票据法》等民事特别法,这些法律当然均可作为民商事案件裁判依据,这里有异议的是《宪法》是否可在民商事案件裁判中作为法律适用的依据。对此,有直接效力说和间接效力说的不同观点。直接效力说是指,法官在民商事案件裁判过程中,不必通过民商事法律,可直接引用《宪法》中有关基本权利的规定,使基本权利直接在民商事个案裁判中得以实现。[2] 例如,企业在与女性劳工签订的合同中约定,女性劳工结婚时其必须辞工,此即

---

〔1〕 法源也称法律渊源,基本含义是法的来源或法的栖身之所,源于欧洲大陆古罗马的“Fontes iuris”,普遍被英美法系的学者使用。

〔2〕 黄明耀:《民事诉讼证据的合法性——从最高法院关于录音证据的司法解释谈起》,载《现代法学》2002 年第 3 期。

"单身条款"。因该条款有违《宪法》规定的保障人民工作权,或婚姻自由权之基本权利保护,应为无效条款。[1] 间接效力说是指,在民商事案件裁判过程中,对涉及《宪法》规定的基本权利的保护,必须附着于对民商法的概括条款或不确定概念予以价值补充实现,不能在民商事案件裁判中直接引用《宪法》有关基本权利的条款规定。针对上述单身条款而言,可认为其系违反《宪法》的基本权利规定,因违反民法的公序良俗原则而无效。[2] 王泽鉴先生认为间接效力说较为可采,因为宪法规定的基本权利的主要功能不是规范民商事主体间的法律关系。[3] 通过民商法上的概括条款的适用,既能够实现《宪法》规定的基本权利之价值体系,又能保障私法的自主性,充分实现私法的功能,使私法秩序的统一性得以维护。[4] 在民商事案件裁判中,我国《宪法》是否可以直接适用,也有不同观点。肯定说认为,在民商事案件裁判中,法官当然可以适用《宪法》中的基本权利规定,因为《宪法》本身即法律的构成部分。如宪法学者肖蔚云所言,"从法理上说,宪法是根本法,司法机关在审判案件时是可以适用宪法原则,以宪法作为根本法律依据……从宪法中丝毫看不到法院审判案件不能适用宪法原则的规定。相反地,从宪法中却可以找到许多条文能够直接适用于审判工作"。[5] 持否定观点的主张

---

〔1〕 王泽鉴:《民法思维:请求权基础理论体系》,北京大学出版社 2009 年版,第 152 页。

〔2〕 黄明耀:《民事诉讼证据的合法性——从最高法院关于录音证据的司法解释谈起》,载《现代法学》2002 年第 3 期。

〔3〕 王冠玺:《我国法人的基本权利探索——法人得否主张精神损害赔偿的宪法上论证》,载《浙江学刊》2010 年第 5 期。

〔4〕 王泽鉴:《民法思维:请求权基础理论体系》,北京大学出版社 2009 年版,第 152 页。

〔5〕 同上。

则认为,法院直接将《宪法》规范作为审理和裁判案件的依据,并在判决书中援引适用,超越了案件审理的授权范围。因为《宪法》第131条和《人民法院组织法》第4条规定的是"依照法律"审理案件。

笔者认为,若允许直接引用《宪法》条款处理民商事案件,则必然导致法官对《宪法》条款原意的探寻,而对《宪法》的解释权则属于全国人民代表大会常务委员会,这样法官即有越位之嫌。法院只审判刑事、民事、行政案件而不能受理"宪法诉讼",最高人民法院也只能对如何具体适用法律(当然不包括宪法)、法令的问题进行解释。因此,最高人民法院和各级地方人民法院的职责都不包括对宪法在司法层面的操作,无权解释《宪法》。故笔者赞同上述间接效力说的观点。对于侵害《宪法》规定的基本权利的民商事纠纷案件,若民商事法律无明文规定,应运用法解释的方法将其附着在民商事法律的概括条款或不确定法律概念之中加以保护,而非直接在民商事判决中予以适用。正如张新宝教授所言,"对民事权利的保护,完善民事立法是最根本的解决途径。在目前条件下,民事法官不宜直接引用宪法条文判决案件。即便是具体民事法律规范缺如,也应当从对民法的基本原则之解释中寻求解决方案。不可能指望在民事法律法规长期不健全的前提下,通过对宪法原则的解释和适用能够达到全面保护自然人和法人各种民事权利的目的"。[1]

---

〔1〕 张新宝:《民事法官能够直接引用宪法条文判案吗?》,载杨立新主编:《民商法前沿》2002年1、2合辑本,吉林人民出版社2002年版,第135页。

(二)《民法典》颁布实施后国家政策对案件裁判如何影响

国家政策是国家在一定时期内为实现一定的任务而规定的行动准则。在我国,政策与法律是互补的,国家政策在司法中具有特殊的位置。原《民法通则》第6条规定:“民事活动必须遵守法律,法律没有规定的,应当遵守国家政策。”有学者认为,该条规定与原《民法通则》第7条“民事活动应当尊重社会公德,不得损害社会公共利益,扰乱社会经济秩序”的规定是法律补充原则的法律表现形式,并进而主张行政机关的政策和司法机关的部分政策,也应属作为补充渊源的国家政策。[1] 法律补充原则是指,在民商法规范缺失对有关事项规定的情形下,把用于调整该有关事项的某些特定范围的其他规范,作为补充渊源的法律规定。[2] 这是因为法律无法将其调整的社会关系规定得详尽无遗,所以如果法律没有规定的,民事活动应当遵守国家政策。国家政策同法律一样,也是国家意志的体现,具有强制力。例如,沈宗灵教授即认为:“国家政策,如果在法律上明文规定的,本身就是法律的组成部分,如果在法律中无明文规定的,也是具有法律效力的,是法律的一种渊源。”[3]因此,国家政策也是法院裁判案件的法源之一,违反国家政策的民事行为,也可能导致无效的法律后果。

在当今社会快速变迁,价值观念多元,社会关系纷繁复杂的

---

〔1〕 徐国栋:《民法基本原则解释——成文法局限性之克服》,中国政法大学出版社2001年版,第163~172页。

〔2〕 范健、喻胜云:《国家政策的变化或者政府行为对合同履行的影响》,载找法网2019年8月7日,http://china.findlaw.cn/hetongfa/lilunyanjiu/6760_4.html#p4。

〔3〕 沈宗灵主编:《法理学》,北京大学出版社2000年版,第272页。

情形下，在民商事案件裁判过程中，法官既要以民商事法律规定为依据，裁判思维又需要具有开放性、能动性，既要实现法律效果及法律的目的，还要追求社会效果，使二者有机统一。[1] 有学者认为："在社会转型时期，许多纠纷已经不单纯是一个法律纠纷。为此，法官在处理纠纷时，则需要把法律知识和社会知识、法律和民意、法律和风俗习惯进行有机结合。"[2]实际上，民商事案件裁判的多角度、多层面、多要素考量是普遍的，案件裁判不是孤立的法律和纯粹的逻辑推演，而是多种因素相互作用、综合考量的结果。霍姆斯所说的"一个时代为人们感受到的需求、主流道德或政治理论、对公共政策的直觉"都可以归为影响、主导或者塑造法律适用的政策元素，这在很大程度上反映了司法的共性和规律。

由上述可知，在《民法典》实施之前，国家政策可以直接成为案件裁判依据。但《民法典》实施后，原《民法通则》第 6 条已为《民法典》第 10 条"处理民事纠纷，应当依照法律；法律没有规定的，可以适用习惯，但是不得违背公序良俗"之规定所取代，立法层面未明文规定国家政策为民商事案件裁判依据，未明文规定国家政策为民商法法源。那么，国家政策对民商事案件裁判是否仍具影响力？若有影响力，影响力路径是什么？对此，笔者认为，对国家政策，《民法典》虽未明文规定为民商法法源，但并不等于国家政策对民商事案件裁判没有影响力。只不过是，民商

---

〔1〕 孔祥俊：《裁判中的法律、政策与政治：以知识产权审判为例》，载《人民司法》2008 年第 13 期。

〔2〕 孙国明、张仲侠：《社会主义初级阶段的民事审判方式定位》，载中国法院网，https://www.chinacourt.org/article/detail/2008/09/id/323500.shtml。

事案件裁判对于国家政策不能直接引用,国家政策内蕴的价值观和价值取向,应内化为法律适用因素的方式作用于案件裁判。因为,法律与政策两者之间的关系是相对独立又相辅相成的,而非相互背离和割裂的。政策既要超乎法律之外,是法律之外的推动、引导力量,又要入乎法律之内,在法律之内按照法律适用方式方法发挥作用。正如孔祥俊先生所言,“讲政策应当是在讲法律的基础上对于法律适用境界的提升,体现了法律适用的高度,而不是对法律适用的漠视或者否定。裁判中的法律适用应以政策或政治为指导,但政策和政治最终必须是以法律为依托,以法律逻辑和司法规律的面目出现和发挥作用”。[1] 以此而论,亦可认为国家政策仍为民商法法源。

对违反国家政策的民事法律行为,其法律效力如何,则应以法律规定、行政法规为判断依据,即应依据《民法典》第 8 条“民事主体从事民事活动,不得违反法律,不得违背公序良俗”、第 143 条“具备下列条件的民事法律行为有效:(一)行为人具有相应的民事行为能力;(二)意思表示真实;(三)不违反法律、行政法规的强制性规定,不违背公序良俗”以及第 153 条“违反法律、行政法规的强制性规定的民事法律行为无效。但是,该强制性规定不导致该民事法律行为无效的除外。违背公序良俗的民事法律行为无效”之规定,予以司法判定,而不能直接以国家政策为判断依据。也就是说,违反国家政策并不当然导致合同无效,对合同效力的否定,应在法律或行政法规内寻找依

〔1〕 孔祥俊:《司法哲学与裁判方法》,人民法院出版社 2010 年版,第 59 页。

据(见案例14)。

案例14　借名购买经济适用房纠纷案

张某符合购买经济适用房的资格,但其无经济能力购买,李某有经济能力,却没有购买资格,遂与张某约定,由李某出资,以张某名义购买经济适用房一套,该房登记在张某名下,由李某占有使用。后张某、李某因该房发生纠纷,李某遂诉请张某协助其办理房产过户登记手续。对此,当事人双方的借名协议有无法律效力直接影响李某的诉求能否得到支持。由于双方的借名协议违反了《国务院关于解决城市低收入家庭住房困难的若干意见》(国发〔2007〕24号)和《国务院关于坚决遏制部分城市房价过快上涨的通知》(国发〔2010〕10号),建设部等部委联合制定的《经济适用住房管理办法》(建住房〔2007〕258号)等国家关于经济适用房的相关政策规定,由于经济适用房在性质上属于向低收入、住房困难家庭出售,属于具有保障性的政策性住房,属于公共政策的安排,仅向特定的人群出售,应属于限制流通物。[1] 没有购买资格的人员若借名购买,势必侵害低收入人群的利益,也影响这项公共政策的实施,属于对公共利益的侵害,即有违社会公序

---

〔1〕 马强:《借名购房案件所涉问题之研究:以法院裁判的案件为中心》,载《政治与法律》2014年第7期。

良俗。因此,依据《民法典》上述第153条之规定,该借名协议应属无效合同,李某的诉讼请求应予判决驳回。

在这里,当事人双方的借名协议虽违反国家政策,但对其效力的否定却是以法律规定为据,并不直接以该国家政策为依据。

(三)习惯成为民商事法源应予以审查

“习惯”和“惯例”这两个词较难区分,一般可作同义语。有学者认为习惯(惯例)是“一定时间内就同一事项,反复同一为之之习俗也”。[1] 习惯是否等于习惯法,学界对此见解不一,在司法实践层面,也直接影响法官是否可直接以习惯作为案件裁判的依据。有观点认为,习惯即习惯法,但也有观点认为,习惯和习惯法并非同质,习惯是一种惯行的“事实”,而习惯法则属“法律”,习惯是一种“事实”,在案件裁判中,需法官的审查和认定,而习惯法则可直接予以适用。[2] 笔者同意后一种观点,习惯是一种行为方式和规则,这与具有法律效力的习惯法显属两个不同的概念。关于习惯转化为习惯法,有确信说和国家承认说两种观点。确信说主张,习惯之惯行是因为众多人的内心确信必须遵从而具有了法的效力,即成为习惯法。国家确认说则认为,习惯必须经过国家的确认才具有法的效力。两种观点相较而言,国家确认说较为合理,因为在司法裁判中,习惯是否作为裁判依据是需要法官审查而定的,若没有法官的审查,习惯则没有

〔1〕 姚建宗:《法治的生态环境》,山东人民出版社2003年版,第28页。

〔2〕 杨建军:《裁判的经验与方法——〈最高人民法院公报〉民事案例研究》,山东人民出版社2010年版,第153页。

可作为裁判依据的路径。习惯法借裁判的途径，裁判借习惯法之名，取得其形式上的法源的地位。作为法源的习惯，在大陆法系通常是指习惯法，应以多年反复惯行的事实及普通一般人之内心确信为基础，以不违背公共秩序或善良风俗为限。

习惯转化为习惯法，须具备以下条件：(1)习惯是一段较长时期内人们反复为同一行为已成为事实上的惯行；(2)人们内心法的确信并自愿地受其约束，“法的确信”是该惯行所流行的生活圈中人群的主观态度；(3)不违背法律及公共秩序和善良风俗；[1](4)习惯的内容是具体的、确定的；[2](5)必须经过法官的认可；[3](6)须为法律所未规定之事项，法有明文者则不能适用习惯法。

从比较法角度看，将习惯作为法律渊源之一，是成文法国家和地区普遍的做法。《日本民法典》第2条规定：“不违反公共秩序及善良风俗的习惯，限于依法令规定被认许或有关法令中规定的事项者，与法律有同一效力。”1907年《瑞士民法典》第1条规定：“关于法律问题，本法在其文字或解释上，已有规定者，一概适用本法。本法未规定者，审判官依习惯法；无习惯法者，依自居于立法者地位时所应行制定之法规，裁判之。”学者通说认为，相对宪法、法律、法规为直接法源而言，习惯须经过国家的承认才发生法律效力而成为间接法源。

---

〔1〕 黄茂荣：《法学方法与现代民法》，中国政法大学出版社2001年版，第7页。

〔2〕 [奥]埃利希：《法律社会学基本原理(三)》，叶名怡、袁震译，九州出版社2007年版，第1029页。

〔3〕 郑玉波：《法学绪论》，台北，三民书局1981年版，第18页。

就我国而言，自20世纪90年代以来，习惯在法律体系和司法中的地位和作用虽已得到进一步认可，宪法、法律和司法解释中也不乏对其进行规定，例如，《宪法》第4条第4款“各民族都有使用和发展自己的语言文字的自由，都有保持或者改革自己的风俗习惯的自由”的规定，原《民法通则》第7条“民事活动应当尊重社会公德……”的规定（这里的“社会公德”并没有将那些已成为社会公德的习惯排除在外），原《物权法》第85条“法律、法规对处理相邻关系有规定的，依照其规定；法律、法规没有规定的，可以按照当地习惯”的规定及第116条第2款“法定孳息，当事人有约定的，按照约定取得；没有约定或者约定不明确的，按照交易习惯取得”的规定，又如，原《合同法》在第22条、第26条、第60条、第92条、第125条、第136条众多法律条文中对有关“交易习惯”作出的规定，在第62条中对有关通常标准作出的规定，以及最高人民法院《关于适用〈中华人民共和国婚姻法〉若干问题的解释（二）》第10条中对我国婚嫁习俗中的彩礼如何返还作出的规定等。

自2021年1月1日起生效的《民法典》第10条更是明确规定：“处理民事纠纷，应当依照法律；法律没有规定的，可以适用习惯，但是不得违背公序良俗。”由此，习惯被《民法典》正式确认为民商事法源，《民法典》以法典形式首次明确了法官以习惯为民商事案件裁判法源的法律适用依据。

（四）法理成为民商事法源的必然

关于法理的概念，学者见解不一。胡长清先生认为，法理是“事物当然之理论”“从全体精神所生之原理”“事物通常之原理”。[1] 刘得宽先生认为，法理是“物之道理，事之理路”，由于法理为物之道理，所以“法理”属于所有法源之基础，是制定法、习惯法、判例法等法源之最根底之“物”。[2] 史尚宽先生认为，“法理”就是法的原理，探求法理的方法，第一应根据已有法规，并就社会现象为研究，以求调和秩序之原则，第二应诉于理性及道德的知觉，以求正义之基础。[3] 王泽鉴先生认为，法理“应系指自然法律精神演绎而出的一般法律原则，为谋社会生活事物之不可不然之理，与所谓条理、自然法、通常法律的原理，殆为同一事物的名称”。[4] 杨仁寿先生认为，所谓法理，乃指法律之原理而言，亦即自法律根本精神演绎而得之法律一般的原则。[5] 学者见解虽不同，但均试图从不同的学科视觉、不同层面去反映法理的根本性内涵。胡长清先生、刘得宽先生是从哲学角度探求法理的内在，史尚宽先生、王泽鉴先生、杨仁寿先生则是从法学的角度寻求法理的内涵。立足于法律适用的立场，根据法理能够指导法律适用的取向而言，笔者赞同法理是自法律根本精神演绎而得的法律一般的原则，包括正义、衡平等人伦之常理、法律之诠释等。

法理本身并不是法律，许多国家和地区的民法典均将法理直接规定为法律的渊源，法理遂成法源。德国民法、奥地利民法均有类似规定。法理之所以能够成为法源，有以下必然的原因：

---

〔1〕 胡长清：《中国民法总论》，中国政法大学出版社 1997 年版，第 32 页。
〔2〕 刘得宽：《法学入门》，中国政法大学出版社 2006 年版，第 21 页。
〔3〕 史尚宽：《民法总论》，中国政法大学出版社 2000 年版，第 10 页、第 82 页。
〔4〕 王泽鉴：《民法总则》，中国政法大学出版社 2001 年版，第 60 页。
〔5〕 杨仁寿：《法学方法论》，中国政法大学出版社 1999 年版，第 199 页。

第一,法官不得借口法无明文而拒绝裁判。为贯彻该审判原则,法理实有成为法源的必要,使法官有可资利用的法律适用资源,才能避免法官"巧妇难为无米之炊"的法律适用之尴尬;同时,也折射出立法者"承认人类知识及法律条文的有限,社会变迁的无穷,成文法并非万能,法律必然产生漏洞,并且对此而谋的补救之道"。[1] 已扬弃"立法完备论"的思想,已不再自信法典可以包罗万象,能够解决一切纠纷。第二,法理表现为立法的精神,存在于法律基础之中而成为"立法的意旨"。如"契约自由""自己责任原则""私有财产应予保障"等,皆为立法的基础。第三,法理存在实证法之上,一般以法律的"正义"价值表现出来,成为规范实证法的目标和准绳。[2]《民法典》未明文规定法理可成为民商事法渊源,是否意味着法官在案件裁判时不可以将法理作为裁判依据?对此应予否定。因为,法理是从法律规定的根本精神演绎而出,依其存在的态样,可将其概括为平等原则、规范目的、法理念、事理四种。而裁判案件时所需法律解释中的"类推适用"、补充方法均由平等原则导出,法律解释中的"目的性扩张"可由规范目的导出,法律解释中的"目的性限缩"既可由平等原则导出,也可由规范目的导出,法理于此对案件裁判作用巨大。当经法律解释仍毫无实证法依据时,此时以法理中的理念和事理为据的"法官造法",则属案件裁判之必然,因为,法官不

---

〔1〕 吴从周:《论民法第一条之"法理":最高法院相关民事判决判例综合整理分析》,载《东吴大学法律学报》2004 年第 2 期。

〔2〕 杨建军:《裁判的经验与方法——〈最高人民法院公报〉民事案例研究》,山东人民出版社 2010 年版,第 197 页。

能因法无规定而拒绝裁判。

由此可知，法理事实上已经成为案件裁判不可或缺的依据，是不能避开的法源，而不管立法上是否有明文规定。司法实践中历来不乏依法理而裁判案件的实例。

案例 15　赵某包养刘某纠纷案

赵某系有妇之夫，包养未婚的刘某，双方约定包养期 1 年，赵某支付刘某费用 20 万元，半年后，刘某终止该包养协议，不再与赵某同居。赵某要求刘某退还 20 万元，刘某拒绝。赵某遂诉至法院，请求判令其与刘某的包养协议无效，并返还其支付的包养款 20 万元。一审判决认为，依据原《民法通则》第 7 条“民事活动应当尊重社会公德，不得损害社会公共利益，扰乱社会经济秩序”及原《合同法》第 7 条“当事人订立、履行合同，应当遵守法律、行政法规，尊重社会公德，不得扰乱社会经济秩序，损害社会公共利益”之规定（该两法条之规定现已为《民法典》第 8 条所取代），当事人双方的包养协议违反社会公德，应属无效合同。再依原《合同法》第 58 条（现为《民法典》第 157 条所承继）“合同无效或者被撤销后，因该合同取得的财产，应当予以返还；不能返还或者没有必要返还的，应当折价补偿。有过错的一方应当赔偿对方因此所受到的损失，双方都有过错的，应当各自承担相应的责任”之规定，刘某应返还从赵某处取得的款项 20 万元。刘某不服一审判决而上诉。二审法院认为,当事人双方的包养协议有悖社会公德,赵某的诉讼请求不受法律保护,遂改判驳回赵某的诉讼请求。

该案在二审裁判过程中,曾有三种观点。三种观点对赵某与刘某签订的包养协议违背社会公德,应属无效合同,均没有异议,但相异之处在于:第一种观点认为,包养协议无效,依原《合同法》第 58 条的规定,刘某收取赵某的 20 万元应予返还;第二种观点则认为,包养协议虽无效,但刘某已被赵某包养了半年,刘某也付出了半年服务作为对价,且该对价在合同无效后无法恢复原状,故刘某只应返还服务费的一半 10 万元予赵某;第三种观点认为,包养协议无效,刘某尚未履行的作为“义务”的“服务”不再履行,赵某给付刘某的 20 万元构成不法原因给付,应不得请求返还。

对不法原因给付,由于遵循“不道德原因不生诉权”的法理及“双方不道德时,占有人占优势”的拉丁法谚,是故,《德国民法典》第 817 条规定,给付的目的的约定为受益人因受领而违反法律的禁止规定或者善良风俗的,受益人应负返还义务。如果给付人对此种违反行为同样也负责任时,不得要求返还,但给付系承担债务而履行的除外,为清偿此种债务而履行的给付不得要求返还。《意大利民法典》第 2035 规定,为了某种目的而实施给付的人,同样构成对善良风俗的违背,不得索取其给付的金额。因不法原因给付者,不得请求返还。法国民法虽无不法原因给付之规定,但其学说及判例均遵循法谚“不容任何人援用其自己之可耻行为,而有所要求”,认为不法原因之给付,不得请求返还。[1] 英国无不法原因给付之明文规定，但该国衡平法谚中有“入衡平法庭者，须自身清白”的规定，裁判中往往以之适用。

我国原《民法通则》第61条及《合同法》第58条、第59条虽然有关于合同无效的法律后果的规定，却没有不法原因给付的明文规定（即便是《民法典》对此亦未有明确规定），故该案是否可判决驳回赵某的诉讼请求，遂成争议。对此，笔者认为，上述国家民法有关不法原因给付不得请求返还的规定，反映出其立法对法律应拒绝保护任何人“以其可耻行为而有所要求”的法理的遵从，系对法之正义精神的法理价值取向的肯定。该案若依合同无效之法律后果判决刘某返还20万元予赵某，无疑等于对赵某“以其可耻行为而仍有所要求”的满足，使司法裁判与法之正义精神背道而驰，有违司法正义的价值取向，故即使没有法律的明确规定，对该裁判结论也应予以否定，此即法理使然。即使按第二种观点判决刘某返还10万元予赵某，也等于表明裁判对赵某的不法行为的支持，只不过是支持金额数量少些而已，判决的非正义性依然不能改变。相较之下，若判决驳回赵某的诉讼请求，则与正义之法理相吻合。虽然这可能使恶意受领的刘某获益，但由于该案是针对赵某的诉求而裁判，判决只是针对赵某之不法行为的诉求明确表达不予保护的立场，并非对刘某的恶意受领予以支持。刘某的恶意受领是否应予保持，判决并未对此进行裁判，裁判的对象仅是针对赵某的诉求而已。也即刘某的受益是因为裁判对赵某的诉求不支持而反射所致，而非裁判

〔1〕 洪学军：《论不法原因给付》，载《河北法学》2003年第3期。

对其进行保护的结果。当然,驳回赵某的诉求导致刘某的恶意受益也有违一般公平观念,但这与判决支持赵某的诉求或支持赵某诉请金额的一半而导致裁判因此背离法的正义价值相比,无疑是在"鱼和熊掌不能兼得"的情形下的得大于失的明智选择。故此,该案应采纳上述第三种观点,根据法理,对原《合同法》第58条之规定根据法条规范目的予以"目的性限缩"解释,使构成不法原因给付的该案情形不包含于该法条规定"合同无效或者被撤销后,因该合同取得的财产,应当予以返还"的法效范围内,从而判决驳回赵某的诉讼请求。该案二审判决即如此。

需说明的是,针对不法原因给付之法律后果,《民法典》对此亦未有明确规定。《民法典》第157条"民事法律行为无效、被撤销或者确定不发生效力后,行为人因该行为取得的财产,应当予以返还;不能返还或者没有必要返还的,应当折价补偿。有过错的一方应当赔偿对方由此所受到的损失;各方都有过错的,应当各自承担相应的责任。法律另有规定的,依照其规定"之规定,系对原《民法通则》第61条及原《合同法》第58条规定的承继与完善,因此,就不法原因给付之法律后果的法律适用而言,亦应如上述一样,对该法条予以目的性限缩解释后方可适用。

二、以法律解释为手段

(一)法律解释评述

法律解释系对法律文本进行理解和说明的活动。[1] 法律解

〔1〕 王利明:《法律解释学导论——以民法为视角》,法律出版社2009年版,第33页。

释可使法律条文具体化、明确化及体系化。概念不确定时,应予具体化,以维护法律的安定。规定不明确有疑义时,应予阐明使其明确。法律条文之间有矛盾、冲突时,应解释其含义使其达至统一。就法律适用而言,法律解释主要是指法官在案件裁判中的解释,其解释本身不是目的,而是为了确定个案的裁判规则。法律解释从广义上讲,包括狭义的法律解释、价值补充、漏洞补充三方面。

狭义的法律解释,是指当法律规定不明确时,以文义、体系、法意、比较、目的或合宪等解释方法,探究法律的规范意旨。[1] 狭义的法律解释包括文义解释、体系解释、法意解释、目的解释、合宪解释、社会学解释。文义解释,是指依照法条用语的文义及通常使用方式而确定法条意义的解释,当文义解释只有一种意义,而没有其他复数解释的可能时,只能进行文义解释。体系解释,是指根据法律条文在法律体系中所处的地位阐释其含义,也即根据其在编、章、节、条、款、项、目的前后关联位置或相关法条的法意确定其含义。体系解释还包含扩张解释、限缩解释、反对解释、当然解释等解释方法。体系解释、法意解释、目的解释、合宪解释又合称论理解释。社会学解释,是指以法条文义解释为基础,偏重于社会效果的预测及其目的之考量,将法律条文结合当前的社会生活以确定法条意义的解释。[2] 当法条依文义解释有多种见解,且每一种见解均属合法时,此时则应依社会学解释

〔1〕 王利明:《法律解释学导论——以民法为视角》,法律出版社2009年版,第33页。
〔2〕 碧海纯一『法哲学概論』(弘文堂,1973年)152頁。

确定其含义。因为,此时往往已不是理论认识的问题,而是涉及政策的问题,故须以法律条文在当前社会的妥当性为价值判断标准,但不能脱离其可能的文义范围。社会学解释在操作上需要先对每一种解释意见可能产生的社会效果进行预测,再根据社会生活的需要而确定法条的意义。例如,根据最高人民法院《关于审理商标民事纠纷案件适用法律若干问题的解释》(法释〔2002〕32 号)第 1 条第 1 项之规定,将与他人注册商标相同或相近似的文字作为企业的字号在相同或者类似商品上突出使用,容易使相关公众产生误认的属于《商标法》(2001 年修正)第 52 条第 5 项规定的给他人注册商标专用权造成其他损害的行为,即构成商标侵权。而在司法实践中,则出现了将与他人注册商标相同或相近似的文字作为企业的字号在相同或者类似商品上使用但未构成突出使用,也导致相关公众产生误认的情形,对此是否可作为侵害商标专用权或不正当竞争处理?根据社会学解释,若对此种情形予以放任,商标权人的损害将得不到任何救济,社会效果不佳。衡量诸多立法目的,是否"突出使用"只是手段问题,使相关公众产生误认,商标权人才有损害可言,才是应予认定行为人侵权或构成不正当竞争的关键。故该种行为也应认定为商标侵权行为或不正当竞争行为。该观点详见最高人民法院于 2010 年对"广东伟雄集团有限公司、佛山市高明区正野电器实业有限公司、广东正野电器有限公司与佛山市顺德区正野电器有限公司、佛山市顺德区光大企业集团有限公司不正当竞争纠纷案”作出的判决书。[1]

价值补充,是指对法律中的不确定概念和概括条款的具体化。换言之,在不确定概念和概括条款所作的概括性、抽象性价值判断框架下,法官针对特定待解决的案件纠纷,按照价值指引,结合社会生活,判例学说而在个案中使其具体化、类型化,并非为同类案件确定标准。不确定概念诸如法律规定中出现的“公共利益”“合理期限”“不合理危险”“重大过失”“其他人格利益”等概念。概括条款如“诚实信用”“公序良俗”“情势变更”等原则。法院就不确定的规范性概念或概括条款予以价值补充时,须适用存于社会上可以探知之客观伦理秩序、价值、规范及公平正义之原则,不能动用个人主观的法律感情。[2] “任何法律秩序都有漏洞。”[3]法律漏洞需要法官在案件裁判中予以补充,法官是法律漏洞的真正补充者。正如胡克所言,“法律并非一种(完全)在某一时间点被创制出来,随后完全由官员、公民和法官将其‘适用’于具体情形的事物。在法律实践中,法律不断地被创制、变通和发展,最显著的是由法官来完成这些工作的。如果法官变通甚至改变了立法规则的内容,那么在这样做时它并未越立法权,在大多数情形下它毋宁是完全承担了其任务和职责。立法者不能预料一切,也不能不断变通每部法律来适应改变了

〔1〕 广东伟雄集团有限公司、佛山市高明区正野电器实业有限公司、广东正野电器有限公司与佛山市顺德区正野电器有限公司、佛山市顺德区光大企业集团有限公司不正当竞争纠纷案,载《最高人民法院公报》2012 年第 3 期。

〔2〕 王泽鉴:《民法基础理论(民法实例研习丛书第一册)》,第 185 页。转引自杨仁寿:《法学方法论》,中国政法大学出版社 1999 年版,第 180 页。

〔3〕 [德]魏德士:《法理学》,丁小春、吴越译,法律出版社 2005 年版,第 348 页。

的情景。弥补立法者必然遗留的漏洞,正是法官的任务和职责所在”。[1]

法律漏洞,是指立法者立法时由于未预见或疏忽或随社会发展变化,对应调整的事项未予规定,或出现冲突矛盾导致的立法缺陷。漏洞补充也即“法官造法”或“法律续造”,是指在法律出现漏洞的情形下,由法官根据一定的标准和程序,针对特定的待决案件,寻找妥当的法律规则,并据此进行相关案件的裁判。[2] 关于法律漏洞中的“法律”是指制定法和习惯法,还是仅指制定法,学界间有争议。有观点认为,如果制定法和习惯法对于特定事项没有予以规范,且此种事项需要法律予以规范,则可以认定为存在法律漏洞。[3] 另有观点认为,法律漏洞中的“法律”应仅为制定法。因为,一方面,习惯法是作为填补法律的不足而产生的;另一方面,仅以制定法来认定法律漏洞有利于司法操作。[4] 笔者赞同第一种观点,第一种观点较符合法律漏洞的逻辑,因为只有当案件在实证法上毫无依据可找,习惯法也不存在的情形出现时,才会缺失裁判依据,才会有法律漏洞可言;若在习惯法可供裁判的情形下,案件并不缺乏裁判依据,漏洞补充更无必要,法律漏洞之说亦不成立。第二种观点从司法操作层面来看虽有道理,但不符合法律漏洞产生应以案件裁判缺失裁判依据为前提的逻辑,故不足采。

---

〔1〕 [比]马克·范·胡克:《法律的沟通之维》,孙国东译,法律出版社 2008 年版,第 210 页。

〔2〕 王利明:《法律解释学导论——以民法为视角》,法律出版社 2009 年版,第 475 页。

〔3〕 黄茂荣:《法学方法与现代民法》(第 5 版),法律出版社 2007 年版,第 375 页。

〔4〕 同上书,第 467 页。

漏洞补充包括类推适用、目的性限缩、目的性扩张、创造性补充四种方式。类推适用,是指依据“相类似之案件,应为相同之处理”之法理,对法律未规定之事项比照性质相似的规定作为案件裁判的依据。目的性限缩,是指按照法律文义对由于立法的疏忽而原为法律文义所涵盖的事项,根据目的考量,剔除其不合法律规范意旨的部分,将其排除在该法律范围之外的法律漏洞补充方法。其法理依据是“非相类似之事件,应作不同之处理”。目的性扩张,是指对法律条文进行目的性考量,对由于立法者疏忽而使法条未涵盖但又符合该法条立法意图的事项,纳入该法条予以适用的法律漏洞补充方法。创造性补充,是指在现存实证法毫无依据的情形下,根据法理创造裁判的规范依据。目的性限缩与限缩解释不同,前者是将原为法律所包含的类型剔除在该法律适用之外,属法律漏洞的补充方法,后者是因法律文义过于宽泛,而将文义限制到核心部分予以适用的解释方法,属狭义的法律解释而非法律漏洞补充。目的性扩张与扩张解释亦不相同,前者属将法律文义未涵盖的事项纳入法律条文而予适用,属法律漏洞补充,后者是因法律文义过于狭窄,不足以表明立法之真义,而将文义扩展核心的狭义法律解释方法。

(二)法律解释应注意的问题

在案件裁判过程中,法律解释的多种方法有时须选择使用,有时须综合运用,才能确定妥当的裁判依据。正如卡多佐所言,“我们必须学会运用我们的工具,学会使用我们的方法和过程,学会对它们综合运用而不是孤立地运用,只有把它们结合在一起运用,才能成为前进的工具。不能把它们结合一起,把它们作为似乎相互排斥的方法加以运用,是许多错误的根源"。[1] 此外,法律解释还需遵循一定的方法、原则和顺序,对此,概括如下。第一,法律解释应先进行文义解释,有复数观点时,再以论理学解释或社会学解释进行确定。第二,若论理解释或社会学解释与文义解释有冲突,但未超出文义的"预测的可能性",则应依论理解释或社会学解释。因为文义解释不能超过其可能之文义,是指文义解释不能超出文义的"预测的可能性",而非指不能超过法条文义。第三,对同一法条,既可进行反对解释,也可为目的性限缩解释时,应先进行目的性限缩解释,不可为反对解释。对同一法条,既可进行目的性扩张解释,又可进行反对解释,应先为目的性扩张解释,不可进行反对解释。因为反对解释重在形式逻辑的推理,而目的性限缩、目的性扩张则重在法律的目的性考量,目的性考量自然优先于逻辑。第四,探寻法条中隐含的"立法精神"或"立法者的意思"时,如果立法者处在当前形势下所应有的意思,与立法者在立法当时情形下的意思不一致时,应以立法者在当前形势下所应有的意思为准,对法条进行解释,而不能以立法者处于立法当时的意思去解释法律条文。因为,法律的精神应随社会发展的变化而变化,法律才能满足社会的需要。第五,须进行漏洞补充时,若能以类推适用、目的性限缩、目的性扩张等法律解释方法进行法律补充,则不得援用诚实信用原则,以使与补充密切相连的法律的调整功能最大化发挥。

---

〔1〕[美]本杰明·内森·卡多佐:《法律的生长》,刘培峰、刘骁军译,贵州人民出版社2003年版,第57页。

第六,援用诚信原则若导致与法律规定相反的结论,则不能对诚信原则予以援用。但若该法律规定已成恶法,且恶已不能被容忍,到了必须对其进行修改的程度,则可适用诚信原则。第七,以类推适用、目的性限缩、目的性扩张等漏洞补充方法进行法律补充,漏洞补充的结果如与援用诚信原则的结果相反,诚信原则也不得再行引用。[1]

(三)以法律解释为手段的内涵

自法律适用而言,法律解释是法律得以充分适用,发挥其调整功能的手段,是寻找裁判依据的方法。在案件裁判过程中,法律解释本身并不能为案件如何裁判提供答案,法官根据案件事实,法律规范及案件分析的方法、路径对案件进行分析,才能形成裁判结论。在这一分析过程中,裁判结论的形成通常与法律解释并无直接的关联,但裁判结论形成后,若用以支持该裁判结论的法律依据不明确或存在法律漏洞时,法律解释即可派上用场,作为在法源内寻求裁判依据的手段。就裁判结论的妥当性而言,法律解释又是裁判结论妥当性的"检验器",当案件裁判有多个裁判结论纠结时,法律解释中的多种解释方法尤其是社会学解释均可用于作为检验哪一裁判结论更为妥适的参考。就法律适用的效果而言,法律解释又是连接法律效果与社会效果的桥梁。因为只有对法律进行解释,进行目的性考量,才能发挥法律适用的实践性品格,满足社会不断发展变化的需要,法律效果与社会效果才能有机结合起来。机械司法之所以机械,不能符

〔1〕 杨仁寿:《法学方法论》,中国政法大学出版社1999年版,第186页。

合社会需要,是因其否定了法律解释的运用,割裂了法律效果与社会效果的内在关联。感性司法之所以过于恣意,是因为其无视法律适用,更谈不上法律解释,案件裁判缺失了法律效果。

三、注重法律效果和社会效果的统一

以“案件裁判的法律适用,应以现有民商事法源为依据,以法律解释为手段,追求法律效果与社会效果相统一的最妥当的裁判结论”为价值取向的崇法型裁判思维模式认为,案件裁判的法律效果是指准确适用法律,充分发挥法律的调整功能,最大化实现立法的目的。法律效果重在案件裁判定性准确,法律条文适用妥当,必须在法源内寻求案涉争议的裁判依据,必要时,为此可运用法律解释的方法以达成。案件裁判的社会效果,是指法官的法律适用或裁判结论应满足社会发展的需要,应与社会普遍正义、伦理及主流价值观相符。社会效果重在法律价值的实现,检验的是法律适用的实践性品格的有无或强弱。就法律满足社会需要的目的即社会效果而言,社会学法学创始人罗科斯·庞德作了如下剖析:“它(法律)通过社会控制的方式而不断扩大对人的需求、需要和欲望进行承认和满足;对社会利益进行日益广泛和有效的保护;更彻底和更有效地杜绝浪费并防止人们在享受生活时发生冲突——总而言之,是一项日益有效的社会工程。”[1]自立法论而言,立法者在制定法律时已充分考虑了

---

〔1〕 [美]E.博登海默:《法理学:法律哲学与法律方法》,邓正来译,中国政法大学出版社2004年版,第147页。

公认的社会公平、社会正义、社会秩序、社会观念等法的价值因素，立法者将公认的这些价值因素进行衡量、取舍而制定行为规范即法律。由于公认的价值因素涵盖在法律规范内，因此，民意于立法之时也涵摄在法律之内，这构成法官进行法律适用能够取得良好社会效果的根基。一般来讲，法官对民商事案件的裁判，只要正确地适用了法律，就自会取得好的社会效果，凡是社会效果不好的，很大程度上首先是法官没有深刻理解法律规定的实质内涵，没有把民商法基本制度、基本原理、基本理论正确运用到审判实践当中去，才会出现所谓的“法律效果”与“社会效果”的背离。如果严格依照法律事实、法律规定、法律制度，必要时辅之以法律解释的方法（确认立法中隐含的价值判断或修正、补充价值判断的不足或缺失）去正确定性案件所涉及的法律关系并继而进行谨慎的逻辑推理，结果不仅会发现其对案件经正确分析而得出的裁判结论与社会生活事实所折射出的社情民意高度吻合（有好的社会效果），还能够深切感受法律、法理、社情民意历经立法、司法过程之理性糅合而浑然一体时的“自然之美”。前述“郭某诉请J银行A支行交付存款遗产纠纷案”“刘某诉请解除手机买卖合同纠纷案”“暴力胁迫债权转让纠纷案”“周某诉张乙、张甲、李某赠与合同纠纷案”等案例莫不是如此。因此，就二者之间的关系而论，案件裁判的法律效果和社会效果不过是案件裁判的一体两面，法律效果是法官通过法律适用对法律功能的发挥，社会效果是立足于社会生活事实层面对法律适用的感受，二者之间是统一而非对立的关系。

有的判决法律效果和社会效果处于割裂状态，根本原因在于上述崇法型裁判思维模式的缺失。要么表现为不对法律进行目的考量的机械司法,要么表现为无视法律适用的感性司法。其均忽略了准确的法律适用是联系法律效果与社会效果的纽带。而准确的法律适用,既来自对案件法律关系的准确定性,来自对法律条文精神内涵的准确解读,来自对法律解释方法的正确运用,还来自面对疑难案件,在案件裁判时,须对法律规定进行社会需求、社会价值、社会变化的衡量,并将这些社会因素纳入法律适用的考虑范围,使之成为法律适用的一部分,如此,法律适用的社会效果与法律效果也自然就融为一体了。有时,这的确很困难,但法官的智慧就体现在如何将政治的、经济的、社会的这些不同的思维转化成为法律适用的思维,并将它们表达出来,使人们听得懂、看得到。实现法律效果与社会效果的统一,需要的是法官的利益平衡能力与法律适用的技术。

第二节　崇法型裁判思维模式与三种错位裁判思维模式的区别及法律适用观

一、崇法型裁判思维模式与三种错位裁判思维模式的区别

崇法型裁判思维模式与机械司法型裁判思维模式的区别在于:前者重视对法律条文隐含的法的精神、法条的目的考量,后者只关注法条的字面意思,反对对法律条文进行目的考量;前者肯定法律解释对法律适用的价值,后者否定法律解释的价值;前者认为法律适用应追求法律效果与社会效果的统一,后者认为,即使两效果背离,法律条文也应予以适用;前者是法律适用思维,后者是对法律的生搬硬套;前者认为,法律、习惯、法理皆为

法源，后者只以法律规定为可供裁判依据的法源；前者承认法官造法之能动司法，后者认为，法官对法律只能被动适用，法官只是套用法律的“机器”。

崇法型裁判思维模式与感性司法型裁判思维模式的区别在于：前者属法律适用思维，追求法律调整功能与效用的充分发挥，是理性司法；后者是一种裁判恣意，属感性司法。前者重法律效果与社会效果的统一；后者重社会效果，为达社会效果，可抛弃法律效果。前者肯定法律解释在法律适用中的价值；后者置法律于不顾，更谈不上运用法律解释予以法律适用。前者关注政治的、社会的、经济的、民意的因素，但会将这些因素放在法源内转化成法律适用予以考虑；后者则直接以社会伦理、社会情理或国家政策作为案件裁判依据。前者庄敬法律，后者实质上是“法律虚无主义”。

崇法型裁判思维模式与立法研究型裁判思维模式的区别在于：前者坚信已有法律对案件裁判的效用；后者缺失对已有法律适用价值的肯认。前者在实证法中找不到依据时，会转而在政策、习惯、法理中积极寻求可资适用的裁判依据，尊重政策、习惯、法理的法源性；后者并不积极在已有法律中寻求依据，漠视政策、习惯、法理的法源性。前者肯定法律解释对法律适用的价值；后者忽视法律解释在法律适用中的运用。前者关注裁判结论的法律效果与社会效果的统一；后者漠视两效果的统一，并认为两效果的割裂状态恰好证明立法需要修改或完善。前者认为法律适用是法官必不可少的技艺，是案件裁判专业化的根基，案件裁判不迷信立法，不依赖立法的修改与完善，主张“法律可以不完美,但法律适用须到位”的法律适用观;而后者崇尚“立法万能论”,[1]认为完善的立法才能解决所有案件纠纷,漠视法律适用的价值。前者是运用法律适用思维裁判案件;后者是运用立法研究思维裁判案件。

二、崇法型裁判思维模式的法律适用观

通过上述比较可知,以“案件裁判的法律适用,应以现有民商事法源为依据,以法律解释为手段,追求法律效果与社会效果相统一的最妥当的裁判结论”为思维取向的崇法型裁判思维模式主张,面对民商事案件裁判,尤其是疑难案件裁判,应秉持法律适用思维而非立法研究思维,对立法不抱怨、不质疑、不批判,更不否定。因为越质疑与批判,就越背离法律适用的立场,越适用不好法律;应坚信在现有法律体系内一定能够找到裁判依据处理案件,这既是对法律的庄敬,对法律适用的自信,更是对法治的信奉,因为若不相信在现有法律体系内一定有法依据处理案件,而是认为案件争议问题只能在法外解决,放弃法律思维,否定法律手段,这既是法律无用论的复活,也是对法治的背叛与否定;应坚信在现有法律体系内不仅能找到裁判依据处理案件,而且能够找到最妥当的方案处理案件,使法律效果与社会效果相统一,如果裁判结论背离伦理常情、正义公平价值观,那一定是法律适用有错,一定是裁判依据有错,因为法律是维护社会公

---

〔1〕 陈振宇:《对“立法万能论”的理性反思》,载《铁道警官高等专科学校学报》2008 年第 3 期。

平、正义、常情伦理及良好秩序的手段，社会公平、正义、常情伦理及良好秩序的维持与弘扬，才是法律适用的目的，是法律适用的价值目标。据此，可概括崇法型裁判思维模式的法律适用观为"三个坚信"：坚信法律能够解决问题；坚信在现有法律框架内一定能够找到最妥当的方案解决问题；坚信如果裁判结论背离伦理常情、正义公平价值观，那一定是把法律适用错了，裁判方案应重思考，再推敲。

第三节　崇法型裁判思维模式的理论特性与功效

一、崇法型裁判思维模式的理论特性

崇法型裁判思维模式，是民商事案件裁判专有的法律适用思维模式，是彰显民商事法律实践性品格即社会价值导向的裁判思维模式，是以法律手段解决纠纷为导向的开放性裁判思维模式。

（一）是民商事案件裁判专有的法律适用思维模式

首先，崇法型裁判思维模式是有关法律适用的裁判思维模式，而非关于立法研究的思维模式，更不是有关政治管理、道德伦理的思维模式。面对案件裁判，其不抱怨立法的不完善，不迷信"立法万能论"，独立于政治思维、道德伦理思维，视法律适用为独立于立法的一门职业技能，立足于法律概念、法律体系自身，衡平利益，准确实施民商法的法律适用立场，以民商事法源为案件裁判的法律适用依据，信奉所有民商事案件纠纷均能在已有民商事法律体系内予以裁判解决的司法理念，反对脱离民

商事法源另寻依据裁判案件。

其次,其是民商事案件裁判的专有法律适用思维模式,仅适用于民商事案件裁判,对行政案件裁判、刑事案件裁判并不适用。

该种裁判思维模式以已有民商事法源为依据,以目的性限缩、目的性扩张、类推适用等法律解释为手段,充分适用民商事法律,衡平利益,对案涉纠纷处以妥适的裁判,其出发点在于民商法是关于私权之法,民商事纠纷是平等的民商事主体之间的纠纷,尊重私权,保护私权,对受侵害的私权应予充分救济。甚至,在案件裁判毫无实证法依据的时候,还可以主张依法之精神、法之原理、法之原则对受侵害的私权予以救济,目的在于体现公平、正义、自由之私法价值取向。这与以禁止某些特定犯罪行为、行政违法行为作为维护社会秩序、国家利益之手段方式的公法的法律适用原则有所不同,例如,刑法以“法无明文规定不为罪”“法无明文规定不受罚”的“罪刑法定”原则作为判断行为人行为是否应受惩处的依据,必须在判断时反对法律的类推适用。若允许法律的类推适用,则必将侵害人们的自由,故该种裁判思维模式为审理民商事案件纠纷专有的思维模式,其诸多法律解释手段如目的性扩张、类推适用,法官续造法律等思维方法并不能适用于刑事、行政案件的审理与裁判。此外,该种裁判思维模式在对疑难案件的裁判过程中,往往采取先预定裁判结论,再寻求裁判依据的反向裁判方法,而在刑事案件中,则只能根据案件事实,结合法律规定去定罪量刑,要么有罪,要么无罪,而不能采反向方法,先认定其构成什么罪,再为该罪状之成立寻找依据。

（二）是彰显民商事法律实践性品格即社会价值导向的裁判思维模式

民商事法律的实践性品格在于其能够彰显社会价值导向，满足社会发展需要，而非让纠纷削足适履地适合于法律。这在案件裁判过程中，则表现为法律适用的结果，须能够在社会生活层面产生正面的、积极的价值导向，而非负面的、消极的方向误导。因此，该种裁判思维模式重视裁判的社会价值导向，关注案件裁判的社会反应，注重社会情理和民意的反响，考虑判决的社会可接受性，但同时，更主张把判决与情理、民意的问题转化为民商事法律规范与法律事实之间的问题。以众所周知的“南京市鼓楼区人民法院审理的原告徐某与被告彭某人身损害赔偿纠纷案”[1]为例，在徐某没有充分证据证明彭某与其发生碰撞的情形下，该种裁判思维模式，则会坚持依据“谁主张，谁举证”的民事诉讼法律规范，判决驳回徐某的诉讼请求，而不会如该案一审判决那样，“根据常理推论，如果彭某没有撞伤徐某，就不会将其送往医院并支付医疗费，故判决彭某承担赔偿责任”。社会倡导的是助人为乐、见义勇为和救死扶伤之价值观。若依该案一审判决的推论认定彭某碰撞了徐某，则会引发“好人无好报”的错误社会价值导向。除此之外，就利益衡量而言，此推论结果必然导致虽保护了徐某的健康权（其身体受到的损害得到赔偿），却牺牲了彭某的自由权（彭某因自愿救助他人，反而被判担责，实际上是对其自由生活的限制）。明显地，该判决的“依常理推

〔1〕 南京市鼓楼区人民法院民事判决书，(2007)鼓民一初字第212号。

论”,虽然具有一定社会基础,也符合常人的认知经验,但显然不能为社会主流价值观所接受。因此,这一类事实不能简单地确认客观事实真相,还要符合社会主流价值导向。如果能够站在维护社会价值观和意识形态的高度看待案件事实认定,就不会简单地仅根据生活常识去推定案件事实,忽视社会效果。[1]

(三)是以法律手段解决纠纷为导向的开放性裁判思维模式

崇法型裁判思维模式主张在法源内解决案件裁判疑难问题,即主张以法律手段、法律思维解决案件裁判疑难问题,为此,必要时须对民商事法律进行法律解释适用,方可功成。这就决定了,在崇法型裁判思维模式里,法律适用是活的,是有价值取向的,是须满足社会生活需要的,而非僵死的、呆板的、教条的,此即该种裁判思维模式的开放性。

法律必须经由解释,方能适用,法律用语的意涵,应予阐明。不确定的法律概念或概括条款,须加具体化才能适用。法律之间的冲突,更需加以解释以调和。当然,也有人简单地反对或不认同法官在法律适用过程中的法律解释,认为应当由立法机关通过完善法律或者法律解释的方式予以解决,但这种观点既不符合日常生活实际,也不符合法律适用实际。如果能够等待立法或者立法解释解决,法官当然乐见其成,但问题在于没有这些资源,而案件又需要裁判时,法官就只能解释法律或续造法律了。更何况司法中的“法”本来就是广义的。[2]

---

〔1〕 孔祥俊:《论两个效果统一与防止机械司法——以知识产权审判为例的方法论思考》,载《人民司法》2008 年第 19 期。

〔2〕 [德]齐佩利乌斯:《法学方法论》,金振豹译,法律出版社 2009 年版,第 95 页。

事实上,无论人们是否承认和赞同,法官在个案法律适用过程中必须解释法律,这一点不仅为许多学者所强调,也为司法实务所践行。实务中,虽然案件裁判是以法院的名义作出,但对法律的理解和解释事实上是由法官主导的。具体而言,法官之所以于个案法律适用时必须解释法律,究其原因有以下几点。

第一,法官在案件审判过程中,不可能把法律规定生搬硬套到案件争议中,其必须先理解法律的含义,再把所理解的含义运用于案件当中。这意味着,法官看起来是按照法律条文判案,事实上是按照自己对法律的理解来审理案件的。当法官的理解渗透法律适用过程中时,就等于法官在对法律进行解释,而且这种解释直接对个案产生效力。

第二,法律解释是法律在调整案件时,抽象的法律规定与具体的案件事实不能对应结合而出现缺陷时才发生的解释。这种情况要求法官必须结合案件事实理解法律,结合法律理解案件事实,在事实与法律之间进行创造性的解释,形成审理个案的具体规范。法律解释的创造性决定了只能由具体裁判案件的法官来解释法律。

第三,法条冲突使正确适用法律必须对法律进行解释。针对同一案件事实,可能会有彼此相互排斥的两个法律规范供法官选择,这就离不开法官对法律规定的解释。

第四,法律漏洞使正确适用法律必须对法律进行解释。拉伦茨把漏洞从范围上分为法律漏洞和法的漏洞,法律漏洞是指某种法律"违反计划的不圆满性",而法的漏洞是整体法秩序的不圆满性。前者包括规范本身的不圆满和根本的规整意向——

应予以规整的问题欠缺适当的规则。后者或是源于法律对整个应予规整的范围未加规整;或者其欠缺某种——不可反驳的交易需要,或一般法认可的法原则——确属必要的法制度。文字所形成的框架有限,法官面临的案件却纷繁复杂,当文字框架无法涵盖此案件,法官又面临“不得拒绝裁判”的铁则,唯有进行“法的续造”。[1]

第五,基于对正当性裁判的追求,法官须对法律进行解释。法官在裁判案件时,总是追求正当性的判决。拉伦茨认为,法官希望尽可能对事件作出“正当”的裁判,在事件中实现正义,也是司法裁判的正当意愿,因此,预先考量法官自己认为正当的案件裁判,本无不可。[2] 此外,就追求正当性裁判角度而言,法官不对法律进行解释从而实现正当性裁判,恐怕是不可思议的。

第六,如果法官在个案审判时不能解释法律,但凡遇到问题就要请示上级法院,这意味着审判独立无法实现。如果法官不能解释法律,动辄请示上级法院,那么当事人不服裁判上诉时,上诉审也将成为空谈。此外,与最高人民法院的统一解释相比,法官的解释是更加具体的解释,须更多地理解法律文本和案件事实,在法律与事实的互动中形成解释意见。从效力上说,法官的解释只能针对个案有效,对其他案件不具有约束力。[3]

---

〔1〕 张晓萌:《超越法律之法的续造——评拉伦茨的〈法学方法论〉》,载《财经政法资讯》2013 年第 4 期。

〔2〕 [德]卡尔·拉伦茨:《法学方法论》,陈爱娥译,商务印书馆 2003 年版,第 75 ~ 176 页。

〔3〕 魏胜强:《法律解释权研究》,法律出版社 2009 年版,第 83 ~ 84 页。

二、崇法型裁判思维模式的功效

(一)有助于涤除机械司法、感性司法、立法研究型司法

机械司法型、感性司法型、立法研究型裁判思维模式的共同特征在于:第一,不尊重、不庄敬法律规定。机械司法型裁判思维模式虽看似对法律规定虔诚信奉,因其只服从法律条文的字面意义,不探究法律条文中隐含的法的精神,忽视其实质内涵,这实际上是对法律规定的背离而非庄敬。第二,缺失法律适用的立场,三者均是对法律适用技艺的忽略,没把法律适用当作一门法官特有的专业来执业。第三,三者均不追求案件裁判的法律效果与社会效果的统一。

以“案件裁判的法律适用,应以现有民商事法源为依据,以法律解释为手段,追求法律效果与社会效果相统一的最妥当的裁判结论”为思维取向的崇法型裁判思维模式,既强调法律适用,又关注法律适用的社会价值导向,既可最大限度地发挥法律效用,又可不断满足社会的需要。提倡此裁判思维模式,有助于涤除法官的机械司法型裁判思维模式,消弭感性司法、立法研究型司法裁判思维模式,使案件裁判摆脱“法实务与法教育纯粹经验性的营运,总是由个殊推论到个殊,而不会试图由个殊出发求得一般的命题”的拘囿束缚。[1]

(二)有助于完善立法

崇法型裁判思维模式主张充分发挥法律效用,把法律作用

---

〔1〕[德]马克斯·韦伯:《法律社会学—非正当性的支配》,康乐、简惠美译,广西师范大学出版社 2011 年版,第 188 页。

运用到最大化，在案件裁判过程中，其虽不迷信立法万能，也不依赖立法的修改与完善，但其通过对法律适用的不断斟酌与思考，对法律规定是否完善或是否应予修改有深切感受，因此，运用该种裁判思维模式所提出的立法建言，比运用立法研究型裁判思维模式所提出的立法意见更为中肯与精到，更有说服力。因为立法研究型裁判思维模式对法律适用无意深入思考，更不细致探研，往往容易稍有涉及相关问题即展开对现行法的批评，甚至有时会出现为批评而批评，不能准确感知立法真正的不完善之处，其提供的立法建言往往缺乏生动准确的实证分析作支撑。

以前述案例1"郭某诉请J银行A支行交付存款遗产纠纷案"为例，该案中的立法研究型裁判思维模式之观点，并未对案件深入分析，更未体验到以法律适用裁判思维寻找裁判依据的艰难，遂想当然地认为，在已有法源内郭某的诉求不能得到支持，原《继承法》应吸纳遗产管理人制度才能解决该案问题，于是便主张立法应修改与完善。显然，该主张缺乏实证案例分析。而秉持崇法型裁判思维模式之观点的法官，则通过对该案法律适用的精确分析而得出结论，在已有法律框架内，通过财产无主认定程序，在确认案涉遗产为无人继承、无人受遗赠的财产后，原《继承法》第14条的适用障碍即可得以清除，该案难点即迎刃而解，郭某的诉讼主张即可得到支持。遗产管理人制度在原《继承法》上的缺失虽并不影响该案的裁判，却增加了无主财产认定程序，增加了司法资源成本，法律适用不便捷，司法效率低，当事人权益保护力度不够。据此，其若建言立法应吸纳遗产管理人制度，无疑更具实证性。两相比较，立法研究型裁判思维模式的立法建言，对该案分析粗浅、敷衍，缺乏案例证实说服力，而崇法型裁判思维模式的立法建言更显现实紧迫性。

(三)有助于法官案件裁判踏实感的形成和案件裁判效率的提高

司法实践中，法官案件多、责任重，经济发达地区的法官更是如此，阅卷、开庭、合议、判决、答疑，[1]法官工作流程密集而繁重，静心推敲案件的时间不足。遇有疑难案件，往往因结论难下或对法律效果、社会效果的处理把握不到位而顾虑重重，特别是案件又临近审限，法官更易紧张焦灼，内心不安，机械司法、感性司法也由此滋生。机械司法虽依法而判，但由于不符合社会需要，法官内心不免忐忑。感性司法虽迎合社会需要，但因弃法于不顾，法官内心也难免纠结。由于对裁判心中无底，案件被发改或被再审改判的可能又使法官忧思忡忡。当此时，若能秉持崇法型裁判思维模式，使裁判结论既于法有据，凸显法律效果，又能符合社会需要，彰显社会效果，法官对案件裁判的踏实感必将从容生成。由于裁判思维模式明确，也即案件裁判方向明确，其必将摆脱机械司法型、感性司法型、立法研究型三种错位的案件裁判思维模式的影响和左右，审判效率也将大大提高。

(四)有助于案件裁判结论认同度的提升

提倡崇法型裁判思维模式，法官之间围绕法律适用，运用法

---

〔1〕 答疑是指案件宣判后，当事人对裁判有异议、疑问并来访，由法官就裁判的内容及其法律适用情况向当事人作出解释、说明的一种实践性做法。

律解释在已有法源内寻求裁判依据,既有助于案件讨论的深入推进,也有助于裁判结论的尽快明确和被接受。此外,该种裁判思维模式亦有助于法官、学者、律师在法律共同体内对法律适用、疑难案件深入讨论与探研,助推学者、律师、当事人对法官裁判结论认同度的提升。

(五)有助于法官专业能力提升

崇法型裁判思维模式虽信奉法律能够妥善解决民商事纠纷,但仅靠对法律的信奉尚不足以找到妥当的裁判依据,这只是具备了找到使案件能够得以妥适解决的前提和方向。寻找具体路径,还须法官心藏精深的私法理念,精通法理,熟稔法律,擅长法律解释之术,通达利益衡量之法,洞察社会现实之需。法官只有私法理念纯正,才能真正尊重私权,关爱人生,法律适用才会与社会之需相融通。只有精通法理,才能准确定性案涉法律关系。民商事案件法律适用有时涉及多部门法律规定及众多司法解释,且这些法律规定、司法解释又密切关联,若不熟悉或忽略其中一种法律规定或司法解释,则必然导致案件法律适用上的顾此失彼。此外,只有洞察社会需要,法律适用才可能产生符合社会发展的价值导向,这要求法官不仅懂专业,还应有相当敏锐的人生智识。而这些素养的具备,除依赖法官具有丰富的人生历练外,还必须依赖法官专业能力的培养与提升。

(六)有助于司法权威的树立,有助于法治信仰的形成

崇法型裁判思维模式,在运用法律适用实现法律效果的同时,也实现了案件裁判的社会效果,易使人们接受裁判结论,同

时依赖法律、信服裁判，使司法权威在人们心中渐渐生根。同时，其强调法律适用，认为法律适用既是法官必有的技能，也是法官职业化的技术保障，主张坚定信奉法律，坚信所有的民商事案件纠纷均能在法源内找到妥适解决的依据，该规则主义导向与法治精神正相契合，故该种裁判思维模式有助于法治信仰的形成。

第四节　崇法型裁判思维模式与法教义学的关系

崇法型裁判思维模式主张对法律心怀庄敬，将价值判断和案涉争议，融入既有的法律概念和法律规范体系内予以解决，充分适用法律，必要时以法律解释为手段进行价值补充，在现有法律体系内寻求裁判依据。该裁判思维取向深受当代法教义学的影响。

一、法教义学的演变与发展

对法教义学的概念，学界见解不一。拉伦茨将法学视为法教义学，其认为“法教义学是指以处理规范性角度下的法规范为主要任务的法学，其主要想探讨‘规范’的意义。它关切的是实证法的规范效力、规范的意义、内容以及法院判决中包含的裁判准则”。[1] 舒国滢教授将法教义学称为教义学法学，认为法教义学是指“研究某一特定法律体系和子体系的实在法理论。或者说，它是一门法律概念和法律制度的自成体系的基础学问，一门

〔1〕［德］卡尔·拉伦茨：《法学方法论》，陈爱娥译，商务印书馆2003年版，第77页。

以科学的趣味来构建的法律学问”。[1] 另有学者主张,法教义学是指“对于法律素材的科学体系化的预备”。[2] 它不执着于追问“什么是法”“什么是好的法”“获得对法的认识是否可能”等法哲学问题,而是专注于对现行法解释和体系化。法教义学致力于概念的逻辑分析,并将这种分析概括为一个体系,再将分析的结果用于司法裁判的证成。[3] 学者对法教义学的见解虽表述不一,但对法教义学的内涵把握却并无本质分歧。笔者倾向于认为,法教义学是以现行法律为研究对象,通过对法律进行解释,探求以概念、类型等为基本构成要素的法律制度的规范意旨,并努力使其体系化的法学研究方法论,再根据这种体系化的构想,依据形式逻辑的推理,将具体法律规范运用到案件裁判过程中的法律适用方法论。综合学者们的观点,可将法教义学的特征概括为:第一,法教义学以既存的法律规范为立足点,对其不怀疑,将其作为文本进行描述。第二,法教义学具有阐释性,其借用经过描述而被确定化的概念阐释法原则及其与概念之关系。第三,严格遵循形式理性的逻辑推理。第四,是一种深具实践品行的技术或方法。第五,以实证主义的概念体系为表征,努力实现体系化、部门化。[4] 第六,法教义学是法学研究和法律适用的方法论。法教义学的逻辑性和体系化的方法论,不仅可用于适

〔1〕 王春业、张忱子:《论法官的依法裁判——兼论法教义学方法对法官裁判的意义》,载《福建行政学院学报》2012 年第 4 期。

〔2〕 张翔:《形式法治与法教义学》,载《法学研究》2012 年第 6 期。

〔3〕 同上。

〔4〕 张牧遥、龚怀军:《法教义学的法律思维及其三重控制——兼论程序的价值》,载《学术交流》2013 年第 8 期。

用法律对疑难案件的裁判，而且，在对现有法律制度的发展和创新上，法教义学的逻辑性和体系化也功不可没。因为任何一项有价值的法律制度，无一不是既符合社会的切实需要能够反映人们共识性的价值取向，又能一体化般合适地融入既有法律体系内。

法教义学一开始是借助经院哲学对罗马法这种“神圣”的法律文本进行解释，[1]这意味着自其初生，法学就有了教义学的特征。当时的法学家们从事的是被后人称为“法律教条学”的工作，即系统阐述法律规则的细节及其相互关系，以在具体案件上适用法律。它将法律制度概念化，将法律系统化，使其成为融合的体系。在此体系中，法律规则的有效性可以通过其与整体规则的一致性得以展现和保证；它以法律概念、经院哲学、诉诸理性的说服之术、体系化等为鲜明特征。[2] 之后，法教义学主要与历史法学、概念法学联系在一起，历史法学派把法史学与法教义学结合起来进行研究，这把当时的法学方法论推向了高峰。随着 19 世纪自然科学的发展，同时期的法学家们试图将法学看作一门科学来研究，这种观点也影响了后来的法教义学研究。法学家普赫塔创设了“概念法学”的方法，他主张法的概念是一种独立的“理智的存在”，通过抽象的概念构成就可以完成对法的科学创造：从单个的法律命题中抽象出普遍的共性，然后以“概念金字塔”的形式完成概念一般性的上升。[3] 据此逻辑，后来的

---

〔1〕 焦宝乾：《法教义学的观念及其演变》，载《法商研究》2006 年第 4 期。

〔2〕 张牧遥、龚怀军：《法教义学的法律思维及其三重控制——兼论程序的价值》，载《学术交流》2013 年第 8 期。

〔3〕 参见［德］格尔德·克莱因海尔、扬·施罗德主编：《九百年来德意志及欧洲法学家》，许兰译，法律出版社 2005 年版，第 215、335 页。

概念法学在研究中逐渐对法教义学产生了极端的看法。尤其是温德夏德的说法很有代表性,他认为法教义学有三项任务:一是法律概念的逻辑分析,二是将此分析综合成一体系,三是运用此一分析结果于司法裁判中论证。[1] 与此相应的是,在法律解释问题上,概念法学主张法律条文应以文义为准,法律条文的规范意旨应以立法原意为归依,排斥法官造法。这里颇值玩味的是,在概念法学之前,注释法学派、评论法学派也使用概念;概念法学之后,利益法学、评价法学也使用概念。换言之,使用概念的不单是概念法学,为何独有概念法学被冠以“概念”法学之名呢?笔者认为,可能的原因应是概念使用达到的深度、广度及高度,尤其是最终达到的高度。概念使用的深度是指形成了“概念的金字塔”(概念体系),具备了充分的涵盖力。概念使用的广度是指由概念(将生活事实涵摄入概念组成的法律构成要件,然后依照形式逻辑推理)导出结论,体现覆盖性,在这个意义上,概念法学可称为体系法学。概念法学贯彻形式逻辑而非辩证逻辑,崇尚理性排斥感性,其也可以称为(形式)理性法学——我国的法条注释方法之所以被称为法条主义而不被称为概念法学,就在于体系化的缺乏。概念使用的高度是指,正因为概念体系的形成,形式逻辑的贯彻,使法的理解与适用,脱离生活的场域,而在概念的世界进行,这使概念成为一切的尺度,成为一切的依归。本来由生活世界提炼的概念,反过来主宰与支配生活世界,概念也从方法论的地位被提到了本体论的地位。概念法学对概念的

〔1〕 颜厥安:《法与实践理性》,中国政法大学出版社2003年版,第151页。

推崇，使法律适用变成只是概念之间的事，与生活越来越疏离、脱节，形成一个“概念的天国”。概念法学的“颠倒论法”，是海克对概念法学展开批判的一个着力点。海克指出，概念法学的问题，是处理概念与体系的问题，“先体系，后概念”，也就是“先归纳，后演绎”。海克认为，这是把程序想反了，正确的方法，是先演绎，后归纳。[1] 海克的批评虽语焉不详，但“颠倒论法”的批评被广为认可，成为概念法学无法摘除的“帽子”。然而，究竟何为“颠倒论法”，需要详细解读。笔者认为，所谓概念法学的“颠倒论法”，归根结底，不是认为概念来自生活，而是认为概念来自概念。甚至可以说，是生活来自概念。具体而言，就是除了最上位概念来自生活，其余概念都由最上位概念层层演绎而来，所有下位概念都来自上位概念。除了最上位概念，其余概念与生活无关，并非归纳得出的。这与作为素材的现实生活的联系越来越遥远，大有削足适履之感。与之相应地，以概念法学为代表的法教义学也走向背离社会需要的极端，而被广泛诟病。但应清醒认识到的是，以概念法学为代表的法教义学的弊端是把概念上升到了本体论的高度，而不是将其定位在方法论的位置，伴随而来的是法体系理念的封闭，逻辑演绎的机械。应予反对的是把概念作为本体论，封闭的法体系理念及采用机械的逻辑推演方法的法教义学，而不是作为方法的法学概念、体系化理念及逻辑推演，否则，将是“把孩子、污水一起泼”。作为把概念、体系化理

---

〔1〕 参见吴从周：《概念法学、利益法学与价值法学：探索一部民法方法论的演变史》，中国法制出版社 2011 年版，第 15 页。

念及逻辑推演作为法律研究方法的法教义学,以概念分析确保精确性,以体系构建增强适用性,正是对法条主义缺陷的克服和层次的提升。离开概念,将无法思考,无法表达,无法交流。正如耶林在《法学上的诙谐与严肃》一书中所言,任何法学都以概念进行操作,法律思维等于概念思维,在这等意义下任何法学都是概念法学。离开体系化思考、形式理性的逻辑推理,法律规则只能成为杂乱的堆积,个案法律适用将茫然无绪。一言以蔽之,以概念法学为代表的法教义学需要重塑。

随着20世纪哲学解释学的本体论转折,受独断型解释学支配的法教义学观念受到根本批判并日渐式微,法律解释学逐渐走出了传统解释学的阴霾。相应地,试图将法学完全局限在实证法的框架之内并予以应用的法律实证主义观点也被遗弃。因为"法律的一般性与个别案件的具体情况之间的距离显然是本质上不可消除的。人们甚至不会满足于在理想的教义学中把个别案件的法律创造力量当作在演绎上是前定的东西,亦即把教义学设想成至少在某个融贯的联系中潜在地包含了一切可能的法学真理。即使是这样一种完美的教义学的'观念'也是荒唐的,更不用说案件的法律创造力量实际上总是为新法律的编纂做准备"。[1] 在此观念下,传统法教义学观念发生了转变。法教义学的封闭体系观念被打破。在传统理论模式中,法律体系被封闭起来,不允许法官造法,法律已经为所有的案件提供了完好

---

〔1〕[德]汉斯-格奥尔格·加达默尔:《真理与方法:哲学诠释学的基本特征》(下卷),洪汉鼎译,上海译文出版社1999年版,第685页。

的答案,法官只需根据法律规定进行简单推理,即可寻找到裁判依据。如今,法教义学的这种不是对预设的法进行创造性的具体化,而是认识预设的法之观念被彻底打破,由此变成了开放性的体系。法律的民族观念被打破,法律被看作理性的论证得到普遍认可,并由此成为超民族的学科。法教义学不仅致力于最终构成一种独立体系的法概念及法律制度的理论,也不再局限于原来形式逻辑的思考方式,而开始了价值导向性的思考,开始成为一种论证技术。法教义学的目的也不再是对法律文本的描述,而成为提供不同情景的有效与有用的论证。"法学之理性在于它的论证之理性,或具体说,在于依据理性论证的标准去考察法律论证的可能性。"[1]法教义学经过否定之否定,得到了新的发展。

二、当代法教义学的功能

(一)使法律体系化,使法律知识的掌握简明快捷

法教义学遵循逻辑和体系的要求,对法律素材进行原则、规则、概念整合,将大量零散的、矛盾的、充满歧义的法律规范梳理成一个自洽而和谐的系统,使法律规范之间的内在关联脉络清晰,便于法律的学习和传授。

(二)保障案件裁判结论确定和统一

在案件事实简单时,凭生活经验,凭情理感觉或依常理可能得出这样或那样不同的判断结论时,运用法教义学的方法进行

---

〔1〕 焦宝乾:《法教义学的观念及其演变》,载《法商研究》2006 年第 4 期。

分析,则裁判结论只能是一个,法教义学分析可确保在案件裁判过程中,相同的事实得到相同的处理。

案例 16　黄某诉何某货款债权债务纠纷案

黄某向何某供应货物,何某于 2018 年 12 月 11 日向黄某出具欠条一张,确认欠其货款 10 万元。约定的还款时间到期,黄某讨要该货款未果,遂向法院提起诉讼,请求判令何某支付该货款及利息。何某对欠条的真实性确认,但辩称其系在 2018 年 12 月 11 日上午出具 10 万元的欠条,当天下午即清偿货款 6 万元,其仅欠黄某款项 4 万元,并提交了由黄某出具的收据一份,该收据载明"黄某已收取货款 6 万元"。收据上的落款时间与上述欠条上载明的落款时间同为"2018 年 12 月 11 日"。黄某对该收据的真实性亦不持异议,但称何某实欠货款为 16 万元,其于 2018 年 12 月 11 日收取何某交付的 6 万元货款而向其出具收据后,双方即进行货款结算,何某确认还欠其货款 10 万元未予结清,遂出具上述欠条一份。何某究竟欠黄某 10 万元还是 4 万元,遂成案件争议之焦点。

在当事人双方对其主张均无其他证据予以佐证,其分别出具的收据与欠条上记载的时间又为同一日的情形下,无论是黄某的主张还是何某的主张均有可能是真实的。因为这两种主张在现实生活当中均有可能发生。若依生活常理常情均无法得出确定的结论,但若对其进行法教义学的分析,则结论只能是一个,而无两种主张均可的可能。分析如下:在当事人双方均不能提供其他证据对各自的主张加以佐证的情形下,则只能依据该案所涉收据与欠条在形成时间上的先后关系作出判定,若出具收据的时间发生在出具欠条的时间之后,则可认定何某向黄某部分清偿了欠条上载明的货款债务,即收据上载明的还款额应当在欠条上载明的欠款额中予以扣减;反之,若出具欠条的时间发生在出具收据的时间之后,则即可认定存于双方当事人之间的 10 万元货款债权债务关系并未发生数额上的变更,何某对黄某仍负有 10 万元的借款债务。

然而,该案的特殊性在于:收据与欠条的形成时间为同一日(2018 年 12 月 11 日),即便借助现代司法鉴定技术,也无法得出在同一日内形成的收据与欠条在时间顺序上的孰先孰后之定论。因此,在无其他证据加以佐证的情形下,该案收据与欠条在形成时间上的先后关系即处于无法辨别之状态,案件事实亦随之陷入真伪难辨的情形之中。当案件事实处于真伪不明时,法官却不得拒绝裁判,只能根据举证责任分配作出裁决。那么,联系该案,厘清负担证明收据与欠条在形成时间上的先后关系的举证责任,究应由黄某承担还是应由何某承担,则成为裁决该案争议之关键。

对此,该案的举证责任应作如下分配:首先,根据"谁主张,谁举证"的民事诉讼法基本原理及最高人民法院《关于适用〈中华人民共和国民事诉讼法〉的解释》第 91 条第 1 项"人民法院应当依照下列原则确定举证证明责任的承担,但法律另有规定的除外:(一)主张法律关系存在的当事人,应当对产生该法律关系的基本事实承担举证证明责任"之规定,黄某作为主张货款债权的一方,应承担证明该案买卖关系的成立及货款具体数额的举证责任。由于黄某作为证据提交的欠条的真实性已经由何某确认,故该证据能够证明双方当事人之间存有10万元货款之债权债务关系。至此,相对黄某的诉讼主张而言,黄某已完成了该案的举证责任,其并不额外负有证明其与对方当事人之间除前述10万元货款债权债务关系外,尚另存6万元货款的债权债务关系的举证责任。在诉讼法理论上,可将黄某所提交的欠条证据归属于本证范畴;何某在承认欠条真实性的同时,亦提出了积极的抗辩主张,其声称已部分清偿了欠条载明的债务额(已偿付6万元予黄某),意在表明欠条上载明的10万元货款债务已因其部分清偿而发生了欠款数额上的变更,这实质上等于在诉讼过程中提出了新的事实主张,依据最高人民法院《关于适用〈中华人民共和国民事诉讼法〉的解释》第91条第2项"人民法院应当依照下列原则确定举证证明责任的承担,但法律另有规定的除外:(二)主张法律关系变更、消灭或者权利受到妨害的当事人,应当对该法律关系变更、消灭或者权利受到妨害的基本事实承担举证证明责任"之规定,何某应对其所主张的该案债权债务金额已发生变更的法律事实提供证据加以证明,即何某应承担该案债权债务法律关系已发生内容变更的举证责任。为此,何某必须举证证明以下案件事实的存在:第一,黄某已收取何某交付的6万元货款;第二,该货款是为部分清偿欠条上载明的10万元欠款金额而为的部分给付。在没有其他证据加以佐证的情况下,何某若要证明该第二项案件事实，就必须举证证明该案收据出具的时间发生在该案欠条出具的时间之后，只有这样，其所提交的收据才能在该案中被认定为有效的反证，其抗辩主张才能部分吞并黄某的诉讼主张。而何某作为证据提供的收据，只能证明黄某已收取其交付的6万元，却不能够证明该欠款金额偿付的时间发生在欠条形成的时间之后，即不能够证明其所偿还的6万元是为抵充黄某所主张的欠条上载明的10万元欠款金额而为的部分给付，那么，其抗辩主张则不能部分吞并黄某的诉讼主张。是故，何某依法应向黄某清偿欠条上载明的欠款额10万元。

在案件事实复杂、疑难时，未受过法律专业训练的人要么根本无法判断，要么对各种利益重新衡量费时费力。法教义学的分析可以减轻裁判者价值衡量的负担，而直接得出契合法律背后基本价值要求的结论。因为其在学习法教义学的有关规则时便掌握了规则设计过程中所考量的诸项价值，在遇到实际案例时，可以熟练地运用法教义学的规则迅速找出裁量时需要考察的要点。有学者认为，就这个意义上而言，法教义学是价值判断的口诀。[1]

（三）限制法官裁判恣意

法官裁判案件必须在已有法律框架内，通常不能超越法律规范的解释及语意结构，且必须将具有主观性的裁判思维纳入法教义学给定的体系化运作，按照形式理性逻辑推理出隐含于

---

〔1〕 许德风：《论法教义学与价值判断——以民法方法为重点》，载《中外法学》2008年第2期。

法律规范之内的结论,法教义学的这些方法论构成了对法官的自缚式约束,限制法官裁判恣意。正如卡多佐所言:即使法官是自由的时候,他也仍然不是完全自由的。他不得随意创新,他不是一位随意漫游,追逐自己的美善理想的游侠。他应从一些经过考验并受到尊重的原则中汲取他的启示。[1] 承认这一点,同时也就意味着承认现行法是到目前为止人们在价值判断问题上所能达成的最大妥协和共识。因此,在法律被修订之前,任何超越现行法及现行法律教义的价值论证,都必须有足够充分的理由。[2]

案例17　杨某诉乐某、李某交通事故纠纷案

杨某的4岁儿子在一石灰厂前被车辆碾压致死,事发时间段内,乐某、李某各自驾驶一辆货车先后经过该石灰厂,交警于事发后1小时内即扣留该两车进行痕迹检验,经查,未发现两车车身有碰撞痕迹,也无黏附人体组织,不能认定为肇事车辆。杨某诉请乐某、李某连带赔偿丧葬费、死亡赔偿金、精神损害抚慰金等各项损失共计168,312.50元。一审法院认为,事发不久,交警部门即对乐某、李某驾驶的车辆进行痕迹勘验,均未发现车身上有碰撞痕迹,也无黏附人体组织,不能认

---

〔1〕［美］本杰明·N.卡多佐:《司法过程的性质》,苏力译,商务印书馆2001年版,第88页。

〔2〕许德风:《论法教义学与价值判断——以民法方法为重点》,载《中外法学》2008年第2期。

定乐某、李某的驾驶行为与杨某儿子的死亡存有因果关系，乐某、李某不构成侵权，不承担侵权责任，遂判决驳回杨某的诉讼请求。[1] 杨某不服一审判决提起上诉，二审维持原判。[2] 后经检察机关抗诉，该案进入再审程序，再审判决认为，事发时间段内仅有乐某、李某各自驾驶车辆通过事故地点，虽然案涉交通事故中致小孩死亡的具体加害人不明，但其可能加害人是乐某及李某。因此，乐某、李某应对该小孩的死亡承担连带赔偿责任。遂改判乐某、李某连带赔偿杨某各项损失合计77,724.86元。[3]

依法教义学分析，乐某、李某各自驾车行驶的行为属于互不关联的、分别的、单独的驾驶行为。首先，乐某、李某各自驾驶车辆经过现场的时间有先后之分，不存在"共同驾驶"，且无证据证明他们共同实施了碾轧小孩的行为，不构成原《侵权责任法》上的共同侵权。其次，乐某、李某驾驶车辆从小孩被碾轧的现场经过属正常行驶，非属原《侵权责任法》第10条（现为《民法典》第1170条所承继）规定中的"危及他人人身、财产安全的行为"中的"危险行为"，不构成共同实施危险行为之侵权。退一步而言，假定该案可排除其他人碾轧小孩的可能，也即能够确定碾轧小孩致死的要么是乐某，要么是李某，那也只能根据证据规则在乐

〔1〕 佛山市三水区人民法院民事判决书，（2008）佛三法民一初字第169号。
〔2〕 佛山市中级人民法院民事判决书，（2008）佛中法民一终字第630号。
〔3〕 佛山市中级人民法院民事判决书，（2010）佛中法民一再字第2号。

某、李某中确认哪个是致害人并判令其承担赔偿责任，不能因此认定二人属共同实施危险行为致人伤亡，应承担连带赔偿责任。因为，乐某、李某的驾驶行为系单独行为，既不存在主观上的意思关联，也不存在与损害后果有因果关系上的行为关联问题。最后，乐某、李某虽分别驾车从现场经过，在无证据证明小孩是被他们二人先后碾轧的情形下，也不构成原《侵权责任法》第 11 条（现为《民法典》第 1171 条所承继）、第 12 条（现为《民法典》第 1172 条所承继）规定的无意思联络侵权责任问题。故判令乐某、李某承担该案侵权连带赔偿责任依据不充分。该案再审判决以“乐某、李某各自驾驶车从碾轧小孩的现场经过，可能碾轧死小孩”为由裁判乐某、李某承担连带赔偿责任，显然是超越法律规定而另外提出了一个新的“价值判断”，且没有为该“价值判断”提供充足的理由，更谈不上论证。并且，依此新的“价值判断”，将推理出“在道路上一旦有人被车辆碾轧致伤或死亡，若找不到肇事车辆，则在事故发生的可能时间段内，凡是经过该路段的车辆均应担责”的结论，这无疑等于撇开已有的法律体系而只依法官个人情感重新进行利益衡量，恣意造法，实属感性司法。

当代法教义学虽对实在法体系不加怀疑而抱有确信，但并非只重技术而不知法律适用目的为何的缺乏价值判断的法学方法。对那些超越法教义学的价值判断，不是不允许，但应该将其限制在仅是对法教义学的补充与检验规则的范围之内。如果案件所涉价值判断与经法教义学分析所得结论一致，则该价值判断无疑可得到支持。如已婚甲男为包养未婚乙女，月付 2 万元，甲男给付后，诉请返还。依法教义学分析，甲男包养乙女的协议违背公序良俗而无效,同时,甲男为达包养目的,向乙女支付包养费 2 万元,属给付原因不法,构成不法原因给付,甲男不得请求返还。该依法教义学分析而得来的裁判结论与案涉价值判断“甲男为包养乙女而给付包养费 2 万元有违公序良俗,其诉请不应得到支持”完全吻合,故对该价值判断可予以充分支持。如果案件所涉价值判断与法教义学分析所得结论不一致,而该价值判断本身也结论难下,则应当维持法教义学分析所得结论。如上述“黄某诉何某货款债权债务纠纷案”中,收据上载明的 6 万元付款是不是何某清偿黄某所持欠条上载明的欠款,根据案件事实及一般常理,结论难下。此时即应按法教义学的分析而确定。如果案涉争议依利益衡量、社会价值导向分析所得的价值判断与法教义学分析的结论不一致,则应看已有法律规范是否已经到了因利益衡量严重失衡,而不能再予以适用的程度,若未到这种程度,则仍应予以适用,以保持法的安定性。

三、崇法型裁判思维模式与当代法教义学的关系

就案件裁判依据而言,当代法教义学对已有民商事法律不加怀疑,主张民商事法律适用以已有法律为依据。崇法型裁判思维模式庄敬已有法律,不对其施以批判质问,虽认为民商事法律、国家政策、习惯、法理皆为法源,但同时主张国家政策作为法源,须经法官将其价值取向内化于法律,并以法律为依托;习惯作为法源,须经法官审查,保证其价值内涵与法律价值诉求相一致;法理本身即法精神、法价值,其内化于法律之内即法律规范,超越于法律之外即法律适用之指导、立法之依据。是故,国家政

策、习惯、法理与民商事法律内在一致,实为民商事法律之补充,亦为已有法律体系不可或缺的有机组成部分。两者本质上相同,皆以已有法律为案件裁判依据,对已有法律抱以坚定信心。

就法律适用而言,崇法型裁判思维模式主张法官裁判案件应严格依照已有法律,但若遇法律规定模糊或出现法律漏洞的情形,法官应运用法律解释方法对法律予以解释,进行目的考量,补充漏洞。法官的法律适用是能动的,法官可以通过法律适用续造法律,法官对案件享有自由裁量权,反对机械照搬法条。当代法教义学也并不否定法官的自由裁量权,其也意识到,体系绝不应该是覆盖在法秩序上的一张大网,体系化工作不是一劳永逸的工作,必须具有开放性而不断发展,没有任何一种体系经过演绎可以解决全部问题。当代法教义学已走出了概念法学时代机械司法的阴霾,而具有了开放性和实践品性。两者关于法律适用的观点是一致的。

就价值判断而言,崇法型裁判思维模式主张法官在法律适用过程中,进行法律解释而为价值判断时,应受到已有法律规范(包括实体规范、程序规范)的解释及语意结构、形式理性逻辑推理规则的制约,必须将具有主观性的裁判思维纳入法律体系内进行,不能违背法的精神,反对法官抛却法律的感性司法。法教义学则认为,法官自由裁量权的行使,不应超出法律文义的“预测的可能性”,并严格遵守法律原则、法律精神进行裁判。换言之,“自由裁量权意味着,根据合理和公正的原则做某事,而不是根据个人意见做某事……根据法律做某事,而不是根据个人的好恶做某事,自由裁量权不应是专断的、含糊不清的、捉摸不定的权力,而应是法定的、有一定之规的权力”。[1]两者均主张法官在法律适用过程中进行价值判断应是有限度的,而非恣意的。

就方法论而言,崇法型裁判思维模式是一种关于法律适用的方法论,而当代法教义学本身既是法律研究体系化的方法论,又是法律适用的方法论。两者在法律适用方法论上是共通的。

就法律的社会效用而言,当代法教义学是对概念法学时代脱离现实生活而自成一体的、封闭体系的法教义学的重塑,其注重法律体系的开放性及实践性品质的打造,以服务社会需要。崇法型裁判思维模式追求裁判结论的法律效果与社会效果的统一,强调案件裁判应在法源内找依据,但同时必须满足社会发展的需要,应与社会普遍正义、伦理及主流价值观相吻合。两者均以满足社会实践需要为目的。

综上可知,崇法型裁判思维模式、法律适用观均与当代法教义学方法论相一致,是当代法教义学在司法实践中的具体运用和发展,崇法型裁判思维模式在案件裁判中的践行,可为当代法教义学方法论的发展和创新提供鲜活的素材,当代法教义学的理论成果,也必然助推着崇法型裁判思维模式的丰富和完善。

本章结语

以“民商事案件裁判的法律适用,应以现有民商事法源为依据,以法律解释为手段(必要时),追求法律效果与社会效果相统

[1] [美]伯纳德·施瓦茨:《行政法》,徐炳译,群众出版社1986年版,第568页。

一的最妥当的裁判结论"为思维取向的崇法型裁判思维模式,对民商事法律庄敬确信,对法律不加怀疑,鲜有批判。主张"立法可以不完美,法律适用须到位"的法律适用观,认为国家政策、习惯、法理皆为可资裁判的法源,反对在法外寻求裁判依据的感性司法。在法律规定模糊或有法律漏洞时,主张法官运用法律解释手段对法律进行价值补充或漏洞补充,强调裁判结论之法律效果与社会效果的统一,反对缺失目的考量、生搬法律规定的机械司法。其实质上是当代法教义学法律适用方法论在法官案件裁判过程中的实践运用。

第三章　四面一体裁判法

——崇法型裁判思维模式的具体化

第一节　四面一体裁判法的内涵

前文提出在民商事案件裁判过程中，法官适用法律，须秉持以“案件裁判的法律适用，应以现有民商事法源为依据，以法律解释为手段，追求法律效果与社会效果相统一的最妥当的裁判结论”为思维取向的崇法型裁判思维模式，反对机械司法型、感性司法型、立法研究型三种裁判思维模式，这只是保障法官能够妥适裁判案件，准确适用法律的前提。法官只有对现有法律坚定确信，才能保证不为法外因素所困惑，不在法源外找依据，不为法官个人法律情感所左右；法官只有善用法律解释，真正理解法律及法律适用本身不是目的，只是促进社会实现公平正义、服务社会需求、维护当事人合法权益的手段，就不会对法律生搬套用，恣意“裁割”社会生活；法官只有尊重法律的实践品性，才能使案件裁判于法源内寻求到妥适的裁判依据,以满足社会生活的需要,取得法律效果与社会效果的统一。简言之,法官只有秉持以“案件裁判的法律适用,应以现有民商事法源为依据,以法律解释为手段,追求法律效果与社会效果相统一的最妥当的裁判结论”为思维取向的崇法型裁判思维模式,案件得到妥适裁判、准确适用法律才能成为可能。但这并不等于说,法官只要秉持该裁判思维模式,就必定能够准确适用法律、妥当裁判案件。因为该裁判思维模式是存在于法官内心的思维理念,是纯正的关于法律适用的司法理念,是对寻求妥当的案件裁判结论的方向指引。其贯彻于案件裁判,还必须被转化为案件裁判的具体方法,呈现为“看得见”“摸得着”的通往准确适用法律、妥贴裁判案件的方法或路径,而四面一体裁判法正是这种被转化的方法或路径,它一头连接法官裁判思维模式应有的思维取向,另一头连接准确的法律适用与妥当的案件裁判结论。四面一体裁判法既是崇法型裁判思维模式在案件裁判中的具体化,又是寻求准确的法律适用、妥适的案件裁判结论的指导方法,它是二者之间的桥梁。

四面一体裁判法是指,首先,根据案件所涉法律关系与案件法律事实,将法官预设的或经初步推理的案件裁判结论的理由与案涉民商事法律关系密切关联的民商法法理相比较,看裁判结论是否有违或切合相关的民商法法理。其次,将预设的或可能的裁判结论放入案涉具体事实场景内,依社会通念检验裁判结论能否使案涉各方利益达致平衡。再次,根据预设的或可能的裁判结论,在现有民商事法律体系内寻找支持该裁判结论的民商事法律规范,检视该裁判结论与寻找到的该法律规范是否相吻合,是否属该民商事法律规范调整的争议情形。最后,针对预设的或经初步推理的裁判结论,预测可能的社会效果,预测裁判结论是否与社会公平正义、道德伦理、常识常理常情等价值导向相背离。从法理、利益衡量、法律规定、价值导向之四个层面进行缕理分析,然后,根据从四个方面分析、比较所得的结论,再进行综合考量,最终选择、确定案件裁判结论。简言之,四面一体裁判法是指,在案件裁判过程中,法官须从法理、利益衡量、法律规定、价值导向四个层面对预设的或经初步推理的裁判结论展开深入分析、比较,再予以归纳综合,最终确定案件裁判结论的法律适用方法。四面一体裁判法中的"四面"既相互独立,又相辅相成,统一于法律适用之机体,贯穿于案件裁判过程中。

案件裁判有正向裁判法与反向裁判法之分,通常而言,对于案涉民商事法律关系定性争议不大,法律适用明确的简单民商事案件,一般采用正向裁判法,直接得出裁判结论。而对于案涉民商事法律关系定性存在争议,法律适用不明确,或法律事实认定困难,须进行举证责任分配之疑难案件,一般采用反向裁判法。这里的简单案件与疑难案件是相对而言、因人而异的。因为由于法官的法素养、法意识强弱不同,专业积累厚薄不一,其裁判智识也有差异,对某一法官来说是疑难的案件,对另一法官来说可能是再简单不过的案件。因此,司法实务中的案件裁判,既可采用正向裁判法,也可采用反向裁判法。二者可以交替运用,相互交织。

案件裁判的反向裁判法要求法官针对案件事实,根据自己的法意识，先作出案件该如何裁判的“预断”，法官根据此“预断”去寻找法律依据，解释法律，根据寻找的结果，去证成或证伪该“预断”，以此不断寻找判决的依据。[1] 在反向裁判法中，法官须根据案件先预设某一结论或预设所有可能的裁判结论，再根据一定的方法、路径进行比较、选择，寻找最合适的法律依据，最终确定内心踏实的裁判结论。这里的“内心踏实”，实指在法理层面合乎法理，在利益衡量方面利益调整不失衡，在法律规定方面有依据，在社会价值导向方面不悖逆于社会伦理、公平正义，能满足社会发展之需要，此也即四面一体裁判法的四个层面的内容。故这里的“内心踏实”，是指经四面一体裁判法分析后的“内心踏实”。由此，可以说，四面一体裁判法正是哈耶克所言的“尽管法官不知道究竟是什么东西促使他最初想到某种特定的判决是正确的，但是只有当他能够以理性的方式使他想到的判决经受住其他人对此提出的各种反对意见的时候，他才能作出或坚持他的这个判决”[2]中的“理性的方式”。

案例 18　刘某诉张某、甲代驾公司、谢某人身损害赔偿案

张某因醉酒，电话请甲代驾公司派人代驾，并支付代驾费 100 元。甲代驾公司派职员谢某驾驶张某的车送其回家，途中将骑自行车的行人刘某撞伤。交警部门认定谢某应负事故的全部责任。刘某将张某、甲代

〔1〕［德］齐佩利乌斯：《法学方法论》，金振豹译，法律出版社 2009 年版，第 17～18 页。

〔2〕［英］弗里德利希·冯·哈耶克：《法律、立法与自由》，邓正来等译，中国大百科全书出版社 2000 年版，第 185 页。

驾公司、谢某告上法庭,请求赔偿各项损失 50,000 元。

该案在裁判过程中,有三种观点。第一种观点认为,谢某是甲代驾公司的职员,其与甲代驾公司之间属于雇佣关系,其在履行代驾职务过程中致人损害,其损害赔偿责任应由甲代驾公司承担,谢某不承担赔偿责任;张某与甲代驾公司之间系有偿委托代驾合同关系,代驾行为由甲代驾公司独立完成,张某不应承担赔偿责任。故应由甲代驾公司赔偿刘某各项费用 50,000 元。第二种观点认为,谢某系甲代驾公司的职员,刘某的损害系由谢某在履行职务过程中所造成,甲代驾公司对此应承担雇主替代赔偿责任,谢某不承担赔偿责任;张某与甲代驾公司之间虽属有偿委托关系,但张某为代驾机动车行为的运营支配与运营收益人,张某对刘某的损害亦应承担赔偿责任。故应由张某、甲代驾公司连带赔偿刘某各项费用 50,000 元。第三种观点认为,谢某系甲代驾公司的职员,刘某的损害系由谢某在履行职务过程中造成,甲代驾公司对此应承担雇主替代赔偿责任;谢某在履行代驾职务过程中未尽交通安全注意义务而有过错,应与甲代驾公司承担连带赔偿责任;张某与甲代驾公司之间虽属有偿委托关系,但张某为代驾机动车行为的运营支配与运营收益人,张某对刘某的损害亦应承担赔偿责任。故应由张某、甲代驾公司、谢某连带赔偿刘某各项费用 50,000 元。

上述三种观点均认为刘某的损害,是由甲代驾公司的职员谢某履行职务时驾车撞伤,甲代驾公司应对谢某的行为承担雇主替代责任。对此,原《侵权责任法》第 34 条第 1 款(现为《民法典》第1191条所承继)“用人单位的工作人员因执行工作任务,造成他人损害的,由用人单位承担侵权责任”的规定明确,应予肯定。三种观点有争议的是,张某、谢某是否应对刘某的损害承担赔偿责任。对此,应运用四面一体裁判法加以分析。

首先,分析作为代驾委托人的张某是否应承担责任。

1. 法理

(1)机动车交通事故责任主体的认定应采用运行支配与运行利益作为一般判断标准。[1] 原因在于:第一,以机动车运行支配与运行利益作为机动车事故责任主体的一般判断标准,符合机动车事故责任应适用危险责任的基本法理。世界多数国家关于机动车事故责任主体的认定均以危险责任作为根据,均认为机动车的运行支配与运行收益人开启了机动车这一危险来源,并且其有能力控制危险,分散危险,其就应该承担机动车运行带来的事故风险。第二,我国的司法实践已表明,应以机动车的运行支配与运行利益作为机动车事故责任主体判断的一般标准,这主要体现在最高人民法院发布的相关批复中,例如,《关于购买人使用分期付款购买的车辆从事运输因交通事故造成他人财产损失,保留车辆所有权的出卖方不应承担民事赔偿责任的批复》(法释〔2000〕38号)、《关于连环购车未办理过户手续,原车主是否对机动车发生交通事故致人损害承担责任的请示的批复》(〔2001〕民一他字第32号)的规定中,均清晰地体现了认定

〔1〕 安建须:《酒后机动车代驾致人损害的责任主体认定》,载《法律适用》2013年第11期。

机动车事故责任主体应以机动车的运行支配与运行利益作为判断的一般标准的司法精神。第三，以机动车的运行支配与运行利益作为一般的判断标准已为原《侵权责任法》所肯定，该法第49条（现为《民法典》第1209条所承继）所规定的在机动车租赁、借用等机动车所有人与使用人不是同一人的情形下，由机动车使用人承担赔偿责任而非由出租人、出借人承担赔偿责任，实是因立法者已考虑在这些法律关系中，承租人、借用人实为机动车的运行支配与运行收益人，而出租人、出借人已失去了对机动车的控制支配与收益的缘故。

（2）机动车权利人与驾驶人之间的具体法律关系，是认定两者间谁是运营支配人与运营收益人的前提条件。〔1〕将机动车运行支配与运行利益的享有者作为判断机动车事故责任主体的一般标准，尚有两点须明确：一是该标准作为"一般标准"，强调的是在凡涉机动车交通事故的案件中，该标准具有普遍被遵从的指引作用，而不论机动车权利人与驾驶人之间存在何种法律关系。二是该标准中的"机动车运行支配与运行收益人"纯属理论上的抽象概念而非现实的责任主体本身。对现实的机动车运行支配与运行收益人的认定，尚须依据个案中机动车权利人与驾驶人之间的具体法律关系来分析其与机动车的现实关联而加以确认。若缺失个案中的具体法律关系，仅凭该标准，机动车运营支配与运行利益的现实享有者将无从确定，事故责任主体也不

〔1〕安建须：《酒后机动车代驾致人损害的责任主体认定》，载《法律适用》2013年第11期。

能认定。这表明对机动车事故责任主体的具体认定，不仅应遵从上述一般标准的指引，而且离不开个案中具体的法律关系作为认定机动车运行支配与运行收益人的事实条件。

根据以上法理，结合该案，张某与甲代驾公司之间应属有偿委托关系，在该有偿委托法律关系中，被代驾机动车法律上的权利及事实上决定该被代驾的机动车是否上路运行的支配力也均属张某，即运行支配人是张某；甲代驾公司是为处理被代驾人张某的事务（送其回家）而驾驶，其并不享有运行利益，也即运行收益人也是张某。张某既是本案代驾行为的运营支配人，也是运营收益人，故张某应为该案机动车事故的责任主体，应承担对刘某的损害赔偿责任。也有观点认为，该案中，被代驾人张某与甲代驾公司之间应属承揽合同关系而非委托合同关系，这涉及同为劳务合同的委托合同与承揽合同的区别问题。但即使两者之间应认定为承揽合同关系，依据承揽合同中的权利义务设定，结合张某仍系该案机动车辆的权利人及甲代驾公司的代驾是为运送张某回家的案件事实，仍可认定张某为该案代驾行为的运营支配人与运营收益人，仍应承担刘某的损害赔偿责任。

由上述分析可知，张某对刘某承担赔偿责任，符合机动车交通事故责任主体认定的相关法理；反之，则与该法理不合。第一种观点显然有违该法理，第二种观点、第三种观点则与该法理吻合。

2. 利益衡量

张某既是该案代驾行为的运营支配人，也是运营收益人，更是机动车是否上路的决定人，若其只承受运营收益，不承担该机动车的运营风险,难谓公平。再者,若甲代驾公司无力承担赔偿责任,刘某将难以得到救济,对刘某显然保护不周。就甲代驾公司而言,张某若不承担责任,则张某车辆投保的保险公司也不承担代驾过程中因交通肇事而引起的事故赔偿责任,甲代驾公司仅得到少许代驾费,却要承担机动车行驶的全部风险,其权利、义务明显失衡。因此,自利益衡量层面观之,若张某不承担责任,则案涉当事人各方利益失衡。故第一种观点不足采,第二种观点、第三种观点均有一定合理性。

3. 法律依据

《道路交通安全法》第 76 条第 1 款第 2 项规定,“机动车与非机动车驾驶人、行人之间发生交通事故,非机动车驾驶人、行人没有过错的,由机动车一方承担赔偿责任”,这里的“机动车一方”应理解为包括车辆运营支配人与运行利益享有人,该案张某既为车辆运营支配人,也是运营收益人,故其承担赔偿责任,于法有据。

4. 价值导向

判令张某承担赔偿责任,其可通过购买保险分散风险,对其并无过多负担。若张某不承担责任,刘某的损害赔偿就少一份保障,不利于对其的救济。

综上四个层面的分析可知,判令张某承担对刘某的赔偿责任有法理及法律依据,不会导致利益失衡,也无不良社会价值导向产生。故张某应向刘某承担赔偿责任的观点理据充分。

其次,分析作为驾驶人的谢某是否应承担赔偿责任。

1. 法理

就法理而言,谢某作为驾驶员,其未尽驾驶员应尽的注意义务,其撞伤刘某的行为与刘某身体受损害有直接的因果关系,构成侵权,其承担侵权赔偿责任符合侵权法基本法理。谢某虽是甲代驾公司的雇员,是为甲代驾公司履行职务,其履行职务过程中给他人造成的损害,应由甲代驾公司承担侵权赔偿责任,但这不能成为其不承担侵权责任的理由。因为,任何人,无论其行为时是为了谁的利益,无论其在实施侵权行为时是基于自己的主观意愿,还是基于他人的批准、命令或者授权,其都违反了其作为一般行为人所应承担的不侵害他人利益的注意义务。[1]

2. 利益衡量

就利益衡量层面而言,法律上设计雇主替代责任的法理,虽有出于确保实质的正义,令雇主为其获利的风险承担责任,保护雇员利益的考虑,[2]但更是出于对受害人予以关怀、保护,以及在雇主之营业活动增大社会风险的情形下,对社会安全进行维护的考虑。对两者利益应予均衡考虑,不可因强调对雇员的保护而免其责,导致对受害人的保护不周全。谢某承担责任,刘某获得多条救济途径。可见,谢某对自己致害他人的行为承担责任,不存在不公平可言。

3. 法律依据

就法律依据而言,第一种观点、第二种观点均认为谢某不应

〔1〕 张民安:《过错侵权责任制度研究》,中国政法大学出版社2002年版,第418页。
〔2〕 曹艳春:《雇主替代责任研究》,法律出版社2008年版,第271页。

承担赔偿责任，是因谢某是甲代驾公司的雇员，双方之间成立雇佣关系，谢某属在履行职务期间致人损害，应由甲代驾公司代替承担侵权责任，原《侵权责任法》第 34 条第 1 款（现为《民法典》第 1191 条所承继）对此有明确规定。笔者认为，该法条虽规定雇员的侵权赔偿责任，由雇主承担，但对该法条不能理解为除雇主外，再无其他责任主体，如雇员，也即不能将该法条理解为对雇员责任的免除，否则，即会得出当雇员在执行工作任务过程中，故意给他人造成损害，也不用承担民事赔偿责任的荒唐结论。因此，不能将该法条规定解读为立法者有意“免除雇员赔偿责任”的法律依据。此外，从立法例来看，德国民法、日本民法等中也有类似规定。在英美法系国家中，也多认为雇员与雇主应承担连带赔偿责任。

由于谢某在驾车过程中，疏于安全注意义务，造成刘某人身损害，其主观上存在过错，原《侵权责任法》第 6 条第 1 款（现为《民法典》第 1165 条所承继）“行为人因过错侵害他人民事权益，应当承担侵权责任”之规定，即谢某承担赔偿责任的法律依据。在司法实践中，由于雇主比雇员赔偿能力强，受害人大多只起诉雇主承担赔偿责任，法院也很少判决雇员承担责任。但这并不意味着，雇员就不应承担赔偿责任，与原《侵权责任法》第 34 条第 1 款规定相比，《民法典》第 1191 条第 1 款增加了“用人单位承担侵权责任后，可以向有故意或者重大过失的工作人员追偿”之规定即明证。显然，只有雇员责任不免除，才有雇主向其追偿的逻辑。只是对履行职务过程中因一般过失致人损害的雇员，雇主承担替代责任后不能追偿而已。再者，在现代雇佣关系下，雇员比雇主赔偿能力强的也并不少见，除雇主承担责任外，雇员也应承担赔偿责任亦是现实所需。

4. 价值导向层面

就社会价值导向而言，若判令刘某的损害由张某、甲代驾公司承担赔偿责任，谢某不承担赔偿责任，则必会在社会中引致这样的消极导向：雇员因其本人无须担责，也即“撞了白撞”，其对驾驶车辆履行职务过程中的安全注意之义务必将因此而懈怠，甚至，其因受某种刺激而滋生故意撞伤行人的念头，也有可能因此被催生为事实。这不仅增加雇主替代责任承担的风险，还会给行人安全带来严重威胁。由此可知，若谢某不承担赔偿责任，将会产生不良的价值导向，也即社会效果不好。

综合以上四个层面的分析可知，第三种观点更妥当。

第二节　四面一体裁判法解析

一、法理层面检验

（一）法理层面检验的内涵

四面一体裁判法中的法理层面检验是指，法官依据案件所涉民商事法律关系、法律事实，预设裁判结论（或经初步推断裁判结论），再将该裁判结论的相关理由与和案涉法律关系密切关联的那些民商法法理相比较，以检验该预设的裁判结论是否与相关的民商法法理相吻合。例如，在买卖合同案件纠纷中，如果法官预设“被告违约，合同应予解除”，那就将该“预断的裁判结论的理由”，与有关合同解除、买卖合同解除、违约责任及与此相关联的诸多民商法法理相联系、作比较，以检验其是否符合民商法法理。再如，在案件涉及当事人双方之法律关系是好意施惠关系，[1]还是合同关系之定性判断的案件中，如果法官预断为"好意施惠关系"，那就将"该预断的裁判结论的理由"与构成好意施惠关系相关联的民法法理，以及好意施惠关系与合同的区别等相关法理进行比较，以检验该判断是否符合"好意施惠的民法法理"。

在这里，案涉民商事法律关系涉及哪些民商法法理，法官对该民商法法理了解得多或少，掌握得精深或浅显，积淀得厚重或浅薄，及法理面拓展的宽度、探研法理兴趣的浓厚程度，皆有可能影响法理层面检验的结论。如遇疑难案件，则更是如此。因此，法官的民商法专业知识、民商法专业素养就显得特别重要。因为在案件裁判中，法官掌握的民商法专业理论会具体化为个案专业知识。一般而言，法官是具备法学专业理论知识的人，但这只是就法官经过系统的专业知识训练这一角度大体而言的，并不意味着法官面对每一具体案件时，对该案所涉的全部法学专业理论知识都当然地谙熟于心或有过研习经验。这种个案专业知识一旦缺失，即会造成法理层面检验的失灵，错误判断便将发生。

举一个典型案例以进一步说明该问题，该案虽为行政处罚案件，但实质上，案件的处理结论源于民法理论，可借此说明民

〔1〕"好意施惠关系"，是指当事人之间无意设定法律上的权利义务关系，而由当事人一方基于良好的道德风尚实施的使另一方受恩惠的关系。"好意施惠"为旨在增进情谊的行为。

法专业知识对结论判断的重要性。张三、李四两人赌博,约定以所掷骰子的点数大小定输赢。结果张三输给李四5000元。当李四从张三手中接过5000元现金时,公安人员到达现场,并决定对李四作出没收该5000元赌资的处罚决定。但李四辩称,该处罚对象应是张三,因他和张三之间属赌博关系,而赌博不受法律保护,因此,他赢张三的钱仍属于张三所有,张三既然是该5000元赌资的所有人,其自然应是接受行政处罚的担责人。而张三却认为,他和李四之间虽是赌博关系,但该5000元钱是他输给李四的钱,钱既已交付给李四,李四就是该笔赌资的所有人,故李四应是被行政处罚的人。那么,张三和李四谁应为赌资被没收的行政处罚对象?

对此,有三种观点:第一种观点认为,赌博行为不受法律保护,李四不能取得案涉5000元款项的所有权,该笔款项仍属张三所有,行政处罚对象是张三;第二种观点认为,赌博虽不受法律保护,但案涉5000元款项已由张三交付李四,所有权也由张三转移至李四,李四应是本案被行政处罚的人;第三种观点认为,张三和李四共同实施赌博行为,他们应共同接受案涉5000元款项被没收的行政处罚。那么,哪种观点正确呢?这须运用民法法理来分析。本案所涉行政处罚的种类是没收,没收是剥夺他人财产所有权的一种行政处罚,这意味着若欲判断本案行政处罚相对人是张三还是李四,则先要判断该5000元赌资的所有权人是张三还是李四。财产所有权的认定应依据民法,故本案虽为行政处罚案件,却应依据民法来分析案涉赌资的所有权归属。

首先,张三和李四的赌博关系,在民法上应被定性为射幸合同[1]关系。其次,张三和李四之间的射幸合同因违法而应为无效合同,自始不产生法律效力。据此,李四不能取得张三已交付的5000元款项的所有权,并应返还该赌资于张三。但因金钱为特殊种类物,依"占有即所有"的民法法理,李四取得该5000元款项的所有权。又因张三和李四之间的射幸合同无效,故李四取得的该5000元款项因欠缺法律上的原因而构成不当得利,应返还张三。最后,李四取得的该5000元款项虽构成不当得利,应返还于张三,但因张三和李四之间的射幸合同违法,有损公序良俗,故张三依该合同而交付李四的5000元还构成民法上的不法原因给付,而不得请求返还。至此,可以得出结论:李四取得该5000元赌资的所有权,而且张三不得请求返还。由此可知,公安机关没收该5000元赌资的行政处罚应对李四作出。

从上述分析可知,前述三种观点均为不妥。本案所涉包括赌博之射幸合同无效、金钱占有即所有、不当得利、不法原因给付等民法专业知识,若对该民法专业知识缺乏研习或体验,则所得结论必然不同。前述第一种观点,其只关注了"赌博之射幸合同无效"这一法理,认为合同无效,李四则应予返还赌资。而缺

---

[1] 射幸合同是当事人之间签订的、包含不确定给付内容的风险性协议,该不确定给付内容仅取决于合同约定的偶然事件是否发生。各国民法对之定义大同小异,例如,《法国民法典》第1104条第2款定义射幸合同为"在契约等价是指各方当事人依据某种不确定的事件,均有获得利益或损失之可能时,此种契约为射幸契约"。美国路易斯安那州《民法典》第1776条规定:"若作为合同目的之一的履行取决于不确定事件,合同是射幸的或冒险的。"第2982条规定:"射幸合同是当事件人全体或其中一人或数人由此获得利益或遭受损失的效果取决于不确定事件的相互协商一致。"美国《合同法重述》第291条规定:"本重述中的'射幸允诺'是指以偶然事件的发生或由当事人假定的偶然事件的发生为条件的允诺。"

乏对金钱占有即所有、不当得利、不法原因给付之民法法理的了解，故得出"张三仍对涉案赌资享有所有权，其应是本案被处以没收之行政处罚的人"的结论。这从该观点中的"赌博不受法律保护，李四不能取得案涉赌资的所有权，该笔赌资仍属张三所有"可以明显看出。前述第二种观点认为，赌博不受法律保护，表明其已认识到涉案赌博之射幸合同应属无效合同，其还认为案涉赌资5000元已由张三交付李四，李四已取得该赌资所有权，表明该观点合乎"金钱占有即所有"之民法法理，但由于其不了解本案还涉及不当得利、不法原因给付之民法法理，没有进一步分析出"涉案合同无效，李四本应返还该赌资于张三，而张三因构成不法原因给付，而不得请求返还，因而，本案行政处罚对象只能是李四"的结论，故其虽也得出"李四应是本案的行政处罚对象"的结论，但该结论不是建立在对案件进行透彻地民法法理分析的基础上，而有一定的偶然性。前述第三种观点无任何民法法理依据，因为，该案涉5000元赌资并非张三和李四的共有资金，不存在其共享所有权的问题，故不能作出对张三和李四共同处以没收该笔赌资的处罚决定。这里可以看出，无论是对哪一种观点进行检验，对有关民法的个案专业知识的全面了解与掌握对结论判断都非常重要。

（二）法理层面检验的合理性

1. 有助于确定案件裁判依据

由于法理可内化于法律规范，超出法律规范之外又可外化为法的精神，而对法律适用予以指引。因此，首先，法理层面检验可有助于法官在法律体系内寻找到可适用的法律规范，因为法官预设的裁判结论的理由若与相关的民商法法理吻合，在通常情况下，已有民商法法律体系内即能找到相应的民商法法律规范作为裁判依据。若预设的裁判结论的理由与相关的民商法法理不吻合，则意味着，要么预设的裁判结论有误，要么用于检验的相关的民商法法理与预设的裁判结论缺乏关联，需重新寻找新的相关法理对预设的裁判结论继续验证。其次，法理层面检验可在法律出现漏洞时，以法理本身作为裁判依据。

2. 有助于减轻法官价值衡量的负担

与案涉法律关系密切相关的民商法法理，实际上已经蕴含了诸多价值判断，法官预设的裁判结论的理由，若与这些法理相契合，法官即不必对预设的裁判结论再次进行价值衡量。如相关的法理是“不法原因给付，不得请求返还”，法官预设的裁判结论也是“驳回返还请求”，其理由也是“构成不法原因给付”，与法理一致，法官即可不必再对“不法原因给付是否可请求返还”重新进行价值衡量，而需斟酌的是“是否构成不法原因给付”。这样，即可减轻法官价值衡量的负担，显示民商法法理的“魅力”。当然，相关的民商法法理若已经受到质疑，或已与社会实践不符，需要反思该法理时，对其重新进行价值衡量将是必要的，那将是另外一回事。

3. 有助于案件妥当裁判

法律规范是法理的凝结，崇尚法律，即崇尚法理。因此，只要法官预设的裁判结论符合相关的民商法法理，案件得以妥当裁判的可能性就会很大。若与相关法理不合，在通常情形下，也必然会与利益衡量、社会价值导向有冲突，因为，利益衡量失衡、悖于社会价值导向的“民商法法理”必然会被修正或遗弃。

二、利益衡量层面检验

（一）利益衡量层面检验的内涵

王利明教授认为，所谓利益衡量，也称利益考量、利益平衡，实际上是指当各方利益发生冲突时，解释者对社会公共利益、当事人的利益等各种利益进行考量，以寻求各方利益的妥当平衡，实现社会公平正义。在法律解释中，利益衡量主要是指解释者在运用各种狭义的法律解释方法时，努力探究立法者在法律条文中对所协调的各方利益进行的考量和判断，通过利益平衡辅助各种解释方法，寻求妥当的结论。它也是对解释结论妥当性的一种论证和验证方法。[1] 在这里，王利明教授认为，利益衡量有两种情形：一种是广义的利益衡量，是在冲突双方、社会公共利益等利益之间的权衡；另一种是专门针对法律规范本身涵摄的各方利益进行平衡。由王利明教授的定义可知，案件裁判中的当事人双方的利益衡量显然是既包含在第一种情形中，也包含在第二种情形中。梁慧星教授认为，利益衡量是指，法官审理案件，综合把握案件实质，综合社会环境、经济状况、价值观念等，对双方当事人的利害关系作比较衡量，作出哪一方当事人应当受保护的判断。[2] 显然，这是在把利益衡量作为推理裁判结论在方法论的意义上对利益衡量的解读。就利益衡量在案件裁

〔1〕 王利明：《法律解释学导论：以民法为视角》，法律出版社 2009 年版，第 639 页。
〔2〕 梁慧星：《裁判的方法》（第 2 版），法律出版社 2012 年版，第 261 页。

判中的作用而言,笔者倾向于梁慧星教授的利益衡量观,因为,它指出了利益衡量是以案件实质即以案件的事实场景为衡量的背景。但同时,笔者也赞同王利明教授认为的,利益衡量在法律解释中是对法律规范所涉各方利益的权衡。因为在案件裁判过程中,当案件裁判已确定要适用某一法律规范时,对该法律规范所涉及的各方利益衡平,实际上已包括对案件当事人间的利益平衡。也可以说,此时对案件裁判结论进行衡量的场景既是案件事实中的场景,也是该法律规范中的场景,这其实与梁慧星教授的观点是相通的。

根据上述,笔者提出的四面一体裁判法中利益衡量层面的检验是指,法官依据案件所涉法律关系及法律事实,预设裁判结论(或经初步推理得出裁判结论),再将该裁判结论放入案涉具体事实场景内,检验该预设结论能否使案涉各方利益达至平衡。如在原告起诉被告赔偿丢失车辆的价值损失案件纠纷中,原告主张其与被告之间形成保管合同关系,车辆被盗丢失,被告应负赔偿责任,而被告主张双方为车辆停放场地租赁合同关系,其不负保管义务,不应承担车辆丢失的赔偿责任。该案涉及当事人双方之间是保管合同还是租赁合同的定性问题。一是法官预设或初步判断当事人双方之间成立保管合同,被告违约,应赔偿车辆价值损失的裁判结论;二是法官预设当事人之间为租赁合同,被告不应赔偿原告车辆损失的裁判结论,分别将其置入案件具体事实场景中,依社会通念为准,来衡量哪一裁判结论,使当事人之间的利益更能达至平衡。若根据案件事实,该两种裁判结论均不能使当事人间的利益达至平衡,法官则应考虑,案涉法律关系除该两种定性外,是否还存在能使当事人各方利益归于平衡的第三种法律关系定性的可能。当案涉各方利益不仅涉及当事人间的利益衡量,还涉及社会公共利益时,还应对社会公共利益予以考量,检视裁判结论是否使社会公共利益受到损害。如甲交付乙10万元,委托乙行贿司法人员为其亲属开脱罪责。乙受托行事,花费部分费用,但未如愿。甲向乙讨要10万元,被乙拒绝,遂诉请乙返还该10万元。双方约定内容违法,损害司法秩序。若认定双方委托合同有效,依有效合同处理双方争议,则社会公共利益受到损害,故对此观点应予否定。

有学者认为,案件裁判过程中,利益衡量应在"妥当的法律制度"中进行衡量,[1]并以德国的"特里尔葡萄酒拍卖案"为例证。对此,笔者不能赞同。利益衡量是衡量法官初步推理的裁判结论或假定的裁判结论是否使当事人各方利益失衡,而这个判断所依据的素材只能是案件发生的具体事实场景,离开了这个事实场景,当事人双方的利益是否平衡即失去了依据,将无从谈起。法律制度通常表现为法律规范或法律关系,若以"妥当的法律制度"为准,则是以"妥当的法律规范或法律关系"为准,而该"妥当的法律规范或法律关系"在利益衡量之前往往是法官所不知的,也是法官正在努力寻找的,因此,是不确定的,而只有经过利益权衡之后,根据利益衡量的结果,才能在可能的法律规范或法律关系中予以确定。也即,"妥当的法律制度"是法官利益衡量后寻求的结果,而非在利益衡量之前就已被法官确定的标

---

[1] 梁上上:《利益衡量论》,法律出版社2013年版,第179页。

准,若利益衡量前已被确定,再进行利益衡量就是多此一举。故进行利益衡量,无法以“妥当的法律制度”为准;再者,若以“案涉法律制度”为准,则会出现循环判断,失去价值衡量的意义。就上述案例而言,“案涉妥当的法律制度”有可能为保管合同法律关系、租赁合同法律关系或其他可定性的法律关系。若将支持原告的诉讼请求的结论,放入保管合同法律关系中,即定性案涉合同为保管合同,所得结论,当事人间的利益自然是“平衡的”。若将支持原告的诉讼请求的结论放入租赁合同法律关系或其他可定性的法律关系中,即定性案涉法律关系为租赁合同法律关系或其他可定性的法律关系,当事人间的利益则一定是“失衡的”。因为该裁判结论本身就是以保管合同法律关系为定性,而非以租赁合同法律关系或其他可定性的法律关系为定性推理得出的。以保管合同法律关系设定的当事人间的权利义务,再去检验以保管合同法律关系为定性而裁判的结论对案涉当事人各方利益是否失衡的检验将是失灵的,同时,也失去了利益衡量作为检验价值判断方法论的价值。此外,以“妥当的法律制度”为准,有违利益衡量应以“社会通念”为准的衡量原则,利益衡量以“社会通念”为准,才能与社会正义、伦理之一般观念“接轨”,利益衡量才能接“地气”,据此寻求到的法律依据才能成为“妥适的法律依据”。若以“妥当的法律制度”为准,则有违此利益衡量原则,因“妥当的法律制度”是法学家才能理解的专业术语,而非“社会通念”。

在德国的“特里尔葡萄酒拍卖案”(该案案情:特里尔正在举行葡萄酒拍卖会,现场有人举起手向朋友致意,拍卖师即拍槌承诺,称合同成立。但是举手人称其只是向朋友打招呼,并非报价。拍卖师认为根据拍卖规则,举手即要约,拍槌即承诺。双方因此产生争议,而起诉到法院)中,有学者认为,之所以确认当事人双方的合同有效,系将该预设的结论放入"拍卖规则之法律制度"中进行利益权衡的。[1] 事实上,这里的"拍卖规则"既是一种法律制度,也是案件中的事实场景之描述——举手人举手向朋友打招呼,这一行为发生在遵守拍卖会规则的拍卖会现场,而检验将举手人举手向朋友打招呼视为"合同有效"这一裁判结论,对举手人、拍卖人是否公平,双方利益是否会因此失衡时,是以该行为发生在"正在进行的拍卖会上"这一特定事实场景作为背景进行的,此时的"拍卖规则"是作为一事实场景中的一个事实构成部分而存在的,而不是作为"法律制度"意义上的"拍卖规则"而存在的。若脱离该案"举手人的举手行为是发生在正在进行的拍卖会上"这一事实场景,将纯属法律制度意义上的"拍卖规则"用来作为利益衡量的制度场景,那等于在问:"根据拍卖规则,'举手人举手为要约,拍卖人拍槌为承诺',这样的规则设计于举手人、拍卖人间的利益平衡吗?"显然,这是在对规则本身进行利益衡量,而非对案件预设的裁判结论进行利益衡量。

(二)利益衡量层面检验对法律适用的作用

法官预设的裁判结论,经利益衡量层面检验后,得出该裁判结论使各方当事人间的利益并不失衡,那么该裁判结论有可能是正确的或妥当的,法官则可根据该裁判结论所依附的法律关

〔1〕 梁上上:《利益衡量论》,法律出版社2013年版,第176页。

系去寻找法律依据。若经利益衡量层面检验后，得出该裁判结论使当事人各方利益失衡，法官则可重新推理或预设新的裁判结论，并继续以其检验，直至找到利益衡平的裁判结论，并据此再寻找妥当的法律依据。

案例 19　冯某与许某委托理财合同纠纷案

许某是甲保险公司的营销员，许某与冯某签订《投资（投保）协议》，在该协议中约定，由冯某投资人民币 100,000 元，用于财富通投资连接保险，该投资账户交由许某操作，许某对账户内资金有权调整，冯某不得干涉其操作，操作期 1 年。许某承诺，其保证冯某的最低收益为投资金额的 72%，即 1 年到期后，由许某给付冯某投资本金加收益最低额合共 172,000 元，最高收益以投资金额的 80% 为限，即 1 年到期后，许某给付冯某的投资本金加收益最高额合共 180,000 元，管理费及全部手续费由许某承担。如达不到最低收益金额，许某负责补足，超出最高额部分的收益金额则归许某所有。协议生效后，冯某依约与甲保险公司签订保险合同，投资 100,000 元，并将该投资账户交由许某操作。但 1 年期满后，冯某的投资账户内本金余额为仅 70,000 元。冯某遂向法院起诉，请求判令：许某向其赔偿投资本金及收益合共 102,000 元。一审法院认为，许某与冯某之间签订的《投资（投保）协议》系双方当事人真实意思表示，合法有效，根据双方约定，许某应向冯某支付

102,000元,以补足双方约定的冯某投资金额的72%的最低收益。遂判决对冯某的诉讼请求予以支持。许某不服一审判决,遂提起上诉。二审法院认为,案涉争议为委托理财合同纠纷,许某与冯某签订的《投资(投保)协议》约定的"许某保障冯某最低收益为72%,最高收益为80%,不足最低保障部分由许某补足,超出最高收益部分归许某所有"之内容,属保底条款,该保底条款无效,《投资(投保)协议》亦属无效。双方应恢复到合同签订前的利益状态,因双方约定的1年期满,冯某账户内还有资金70,000元,因此,许某应向冯某返还30,000元。遂改判许某向冯某赔偿30,000元。

该案在裁判过程中,有两种观点。第一种观点认为,当事人双方的委托理财合同,意思表示真实,应属有效合同,对冯某的诉讼请求应予支持。一审观点正是如此。第二种观点认为,《投资(投保)协议》属包含保底条款的协议,该保底条款将委托人的投资风险全部转移予受托人,导致民事权利义务配置严重不对等,应属无效。《投资(投保)协议》内容主要是保底条款内容,故该《投资(投保)协议》无效。此即二审法院所持观点。

将一审"案涉《投资(投保)协议》有效,冯某的诉讼请求应予支持"之裁判结论与案涉"冯某出资,许某凭专业操作"之事实场景联系来看,双方当事人的利益是否失衡?首先,冯某有闲置资金,而无技术,若该资金闲置而不能被充分利用,既不能给冯某带来任何利益,对社会经济发展也不利。许某有投资理财的专业知识,若无资金可投,其专业技能无法发挥,对社会也无任何益处。冯某出资金,许某出技术,这是能互相发挥所长的结合。这种结合之本身,无疑是既有利于冯某,又有利于许某,还有利于社会。故该种结合应予肯定。至于若投资失利,冯某受损,那是投资风险问题,不能以投资的结果去否定投资本身的正当属性。故就利益衡量而言,双方的约定,对双方当事人都有利,合同效力应予肯定。其次,在合同有效,投资失利的情形下,双方的约定是否导致利益失衡?根据双方的约定,以 1 年为期,无论投资是亏损,还是盈利,许某均应保证冯某最低有 72%(72,000 元)的盈利,冯某最高盈利可达 80%(80,000 元),超过 80,000 元的盈利部分才归属许某,这样的利益分配对许某来说不仅不公平,而且是显失公平。因为这意味着,如果投资未获收益,仅为保本时,在冯某损失不大(银行存款的利息损失)的情形下,许某还得向冯某支付投资资本的 72%,即 72,000 元的赔偿款。如果亏损更大,许某则赔偿得更多。在投资全部亏损的情形下,许某的赔偿额则为 172,000 元,达到冯某投资金额的 172%。由此可知,若判决支持冯某的诉讼请求,双方利益显失平衡。

将二审“案涉《投资(投保)协议》无效,许某应向冯某赔偿投资本金损失 30,000 元”之裁判结论与案涉“冯某出资,许某凭专业操作”之事实场景联系来看,双方当事人的利益是否失衡?首先,由上述分析可知,冯某出资金,许某出技术,这种结合之本身,无疑是既有利于冯某,又有利于许某,还有利于社会的,是值得肯定的行为。若对此予以否定,则导致冯某资金闲置,许某专业生疏,对当事人、对社会均为不利益。二审法院以双方的利益分配之约定属保底条款为由否定该约定条款的效力,从而否定《投资(投保)协议》的效力,是对“保底条款”的误解。以最高人民法院《关于审理联营合同纠纷案件若干问题的解答》中“企业法人、事业法人作为联营一方向联营体投资,但不参加共同经营,也不承担联营的风险责任,不论盈亏均按期收回本息,或者按期收取固定利润的,是明为联营,实为借贷,违反了有关金融法规,应当确认合同无效”之规定为例,该规定旨在阐明,联营一方向联营体投资,但不参加经营,无论联营盈亏,均按期收回本息或收回固定利润的,应定性为借贷关系,而非联营关系。也即联营双方不成立联营关系,而成立借贷关系。因为当时的法律法规,禁止企业法人、事业法人间资金借贷的发生,最高人民法院对“该借贷关系”的效力亦持否定态度,即认为该“借贷关系无效”。在这里,很清晰地反映出,最高人民法院在当时是否定了企业法人、事业法人间的借贷合同的效力,而非否定了任何“保底条款”的效力。即便在当时,如果自然人间有如此的保底条款的约定,则其也应定性为借贷关系,而且该借贷关系是有效的。因为自然人间的借贷关系,法律、司法解释均未否认其效力。事实上,二审法院在否定《投资(投保)协议》的法律效力的同时,又判决许某赔偿冯某投资本金损失,使冯某保有本金无损,等于事实上又在支持“保底条款”的效力。这不仅反映了二审判决结论的自相冲突,其结果仍然导致了双方利益的不平衡。倘若果真按无效合同来处理,那也应是将账户内的剩余资金 70,000 元返还冯某,因为这是可以用来恢复原状的资金部分,而非由许某返还100,000元以恢复原状,因亏损的30,000元已成为投资损失,应根据双方的过错来分担该损失,不属恢复原状的资金范围。

通过以上分析可知,无论一审观点,还是二审观点,其裁判结论均可导致当事人双方的利益失衡,除该两种观点外,是否还另有观点可使当事人双方的利益达至平衡?对此,答案是肯定的。笔者认为,根据案涉《投资(投保)协议》约定内容可知,许某承诺其为冯某理财,亏损全由许某承担,并保证除本金100,000元外,冯某最低收益为72,000元,且在冯某收益达到80,000元时,超过该80,000元以上金额部分可作为报酬归许某所有。该约定内容明显与受托人为委托人处理事务,亏损和盈利都应归委托人的委托合同法律特征不符,而与承揽人完成某种工作成果,交付工作成果,定作人给付报酬的承揽合同之法律特征完全相符,该案即许某承诺向冯某交付稳赚不赔的投资成果。是故,案涉《投资(投保)协议》应被定性为承揽合同,而非委托合同。该合同未违反法律、法规的强制性规定,属有效合同。这样,当事人之间"许某保障冯某最低收益为72%,最高收益为80%,不足最低保障部分由许某补足"之约定,实为案涉合同的违约金条款内容。在合同履行过程中,许某承诺的投资效果未实现,构成违约,依合同约定,许某应承担违约责任。许某依约承担的违约金金额明显过高,此情形下,法官可通过对该违约金金额予以降低调整,使双方利益达至平衡。由此即可确定,承揽合同及违约金责任法律规定条款即该案得以妥当裁判的法律依据。

三、法律依据层面检验

(一)法律依据层面检验的内涵

法律依据层面检验是指,法官根据案件所涉法律关系、法律事实,预设裁判结论(或经初步推理得出裁判结论),再根据该裁判结论,在已有法律体系内寻找支持该裁判结论的法律规范,检视该裁判结论与寻找到的该法律规范是否吻合,是否属该法律规范调整的争议情形。若已有法律规定不明确或有法律漏洞出现时,则应对该法律条文进行法律解释、价值补充或漏洞补充,检视该经法律解释、价值补充或漏洞补充后的法律条文能否涵摄该裁判结论情形,同时,检视该裁判结论若附着于该经法律解释、价值补充、漏洞补充后的法律依据,会否破坏法律自身的体系完整性。

在四面一体裁判法中,法律依据层面至为重要,它是其他三层面检验的归结点。法理层面检验是为了便于寻找法律依据,利益衡量、价值导向两层面的检验最终必须以法律依据为依托。就法律依据层面检验与其他三层面检验之间的关系而言,被检验的裁判结论若有法理依据、利益衡量平衡,价值导向正面,那么法官应尽力在现行法律体系内寻找妥当的法依据。若被检验的裁判结论价值导向负面,法官即应放弃在现行法律体系内寻找法律依据,而应重新预设新的裁判结论。

(二)法律依据层面检验应注意的问题

1. 在进行法律依据层面检验时,对法律依据的寻找,应结合案件所涉及的相关民商法法理(个案所涉法理)进行,若无视个案法理运用或无知个案法理存在,即会找不到本应适用的法律规定,致裁判结论失当。

案例 20　汤某诉潘某、王某担保合同纠纷案

汤某、王某、潘某签订《借款担保合同》,约定汤某借款 50 万元予王某,由王某买房,房产登记在汤某和潘某名下,汤某和潘某各占 50% 产权,借款期限 1 年。如王某还清借款债务,汤某应在王某还清借款债务之日起 15 日内,将其名下该房屋 50% 的产权变更登记至王某名下。在王某不能依约清偿借款债务时,汤某有权处置潘某名下 50% 的产权。借款到期,王某逾期未向汤某清偿借款。汤某遂诉至法院,请求判令:(1)王某向其偿还借款 50 万元及逾期利息;(2)拍卖潘某名下的案涉房屋 50% 的产权,以所得价款清偿王某借款债务。

一审法院认为,王某应向汤某偿还借款 50 万元及逾期利息。根据合同中"在王某不能依约清偿借款债务时,汤某有权处置潘某名下的案涉房屋的 50% 产权"之约定,潘某应以案涉房屋 50% 的产权担保王某债务的履行。遂判决:王某应向汤某偿还借款 50 万元及逾期利息;以折价、拍卖、变卖潘某名下案涉房屋的 50% 产权的价款向汤某清偿借款债务(汤某对该价款无优先受偿权)。潘某不服该判决而提起上诉,二审法院判决驳回上诉,维持原判。

笔者认为,在该案中,依四面一体裁判法可知,汤某的诉讼请求不能得到支持。就法理而言,案涉合同约定的内容涉及让与担保的民法法理。根据汤某、王某、潘某在《借款担保合同》中约定的"汤某借款50万元予王某,由王某买房,房产登记在汤某和潘某名下,汤某和潘某各占50%产权,借款期限1年。如王某还清借款债务,汤某应在王某还清借款债务之日起15日内,将其名下该房屋50%的产权变更登记至王某名下。在王某不能依约清偿借款债务时,汤某有权处置潘某名下50%的产权"之内容可知,案涉合同约定包括三方面的法律关系:第一,汤某与王某之间的借贷法律关系;第二,王某与汤某约定的为保障汤某的贷款债权能够实现的让与担保合同关系;第三,潘某与汤某之间的担保合同关系(仅约定用潘某的50%产权为汤某的债权担保,但未约定办理抵押登记)。因潘某与汤某未约定将该房屋50%的产权办理抵押登记,事实上亦未办理,故汤某就该50%的产权不享有抵押权。但由于该约定合法有效,故汤某据此亦有权请求潘某履行合同约定义务,拍卖、变卖或折价该50%的产权以实现其案涉债权,但汤某对该50%的产权拍卖、变卖或折价所得款项无优先受偿权。

就让与担保而言,让与担保合同是由大陆法系国家经判例学说发展起来的一种非典型担保制度。[1] 让与担保是指债务人或第三人为担保债务人之债务,将担保标的物之权利移转于担保权人,在债务清偿后,标的物应返还于债务人或第三人,债务

〔1〕 李爽:《论让与担保的性质与效力》,载《山西煤炭管理干部学院学报》2011年第1期。

不履行时，担保权人得就该标的物受偿之非典型担保。[1] 在让与担保合同法律关系中，用于担保的财产，因让与担保的成立而“脱离”了担保人财产的范围。从“自己财产，自己责任”的民法法理出发，这项财产不再作为担保人的一般债权人之债权受偿的物质基础，债权人遂得到了对该财产的独占性。[2] 在让与担保中，因财产让与的法效意思即担保权人取得财产所有权，据此，担保权人即取得完整的财产所有权。在担保权人债权未获实现时，担保权人可对该财产予以变卖，以卖得的价金实现债权；也可对该财产进行公正估价，超过担保的债权金额部分，应返还担保人，该财产所有权可不再返还担保人，即可确定地由担保权人取得。

该案中，王某将其贷款购买的房产的50%产权让与汤某，登记在汤某名下，作为其向汤某清偿借款债务的担保，在清偿完毕对汤某的债务后，汤某即无偿将该房屋50%的产权变更登记给王某，双方的该约定符合让与担保的民法法理。依该法理，在王某未清偿其到期债务时，汤某对登记在其名下的50%的产权有权以拍卖、变卖或折价所得的金额实现其对王某的债权，若该金额不足以清偿案涉借款债务，汤某方可依其与潘某之间的担保合同关系，主张对潘某名下案涉房屋50%的产权拍卖、变卖或折价所得价款清偿王某的借款债务余额。因为王某提供的案涉房屋50%的产权的让与担保属债务人本人提供的物的担保，根据

---

〔1〕 谢在全：《民法物权论》，中国政法大学出版社1999年版，第896页。

〔2〕 张翔：《物权法典规定让与担保的可行性质疑：从让与担保的交易机制出发》，载《法商研究》2006年第2期。

原《物权法》第 176 条(现为《民法典》第 392 条所承继)中“没有约定或者约定不明确,债务人自己提供物的担保的,债权人应当先就该物的担保实现债权”之规定可知,汤某须先就案涉用以让与担保的登记在汤某名下的 50% 的产权拍卖、变卖或折价的款项优先受偿后,不足以实现案涉债权时,才可就该债务余额向潘某主张。由此,在汤某未先诉请对案涉让与担保的该 50% 的产权拍卖、变卖或折价所得的款项优先受偿情形下,即诉请就潘某名下的案涉 50% 的产权拍卖、变卖或折价所得的款项实现其案涉债权,于法理不合,有违法律规定,故不应得到支持。该案一审、二审均判决支持汤某的诉讼请求,系忽视了让与担保之民法法理及在案件裁判中的运用,即对个案案涉法理不清,致裁判结论适用法律有误。

再如,前述第一章案例 3(“暴力胁迫债权转让纠纷案”)中,若对有关合同成立之法理无深入把握,不将案涉债权转让合同定性为不成立,则不易找到有关合同不成立的法律规定裁判该案,必会陷入“若支持李某的诉讼请求,则裁判结论违法(撤销权行使期间已超过);若不支持李某的诉讼请求,则裁判结论有违社会伦理常情、正义公平”的两难境地。

2. 在案件裁判过程中,预设的或初步推定的裁判结论经法律依据层面检验,被检验的裁判结论在现行法律体系内是有直接明确的法律依据,还是经法律解释后有可适用的法律依据,对法官之案件裁判结论的选择可产生决定性的影响。例如,对同一案件,有 A、B 两个裁判结论可供选择,A 裁判结论经四面一体裁判法检验后,结论是“符合法理,利益衡平,价值导向正面,但需对现行法律规定进行法律解释后才能找到法律依据”。B 裁判结论经检验后,结论是“符合法理,利益衡平,价值导向正面,法律规定明确”。此时,法官则应优先选择 B 裁判结论,而非 A 裁判结论。因为就法之安定性而言,若有明确的法律规定,则法律解释应予禁止。B 裁判结论应是更为妥当的裁判结论,对 A 裁判结论的适用,属法律适用错误。如第四章案例 24(后文有详述)所述情形。

四、价值导向层面检验

(一)价值导向层面检验的内涵

价值导向层面检验,是指法官将预设的裁判结论,置入社会生活场景内,评估其与社会公平正义、道德伦理、常识常理常情等社会价值取向是否一致,并预测在社会生活层面,该裁判结论将会对其他民事主体产生什么价值导向的行为指引。也即,其对社会正当行为是鼓励还是抑制,对社会不当行为是否定还是纵容。经检验,如果该裁判结论能够鼓励社会正当行为,抑制不当行为,则该裁判结论价值导向正面,应予以肯定。如果该裁判结论将纵容实施社会不当行为或刺激其他民事主体滋生实施不当行为的冲动,则该裁判结论价值导向负面,应予以否定。因为法律要满足社会生活发展的需要。

例如,前述第二章案例 17(“杨某诉乐某、李某交通事故纠纷案”)中,再审判决以乐某、李某各自驾车从碾轧小孩的现场经过,均可能碾轧死小孩为由,判决乐某、李某承担连带赔偿责任。

该裁判结论向社会大众传递的裁判信号则是,无论是否碾轧到人,只要经过现场,就得担责,由此而产生的行为价值导向则是,“谁经过事故现场,谁倒霉”。在该价值导向下进而产生的社会影响将是遇有事故发生时,应远离事故现场或绕道而行。这样便谈不上鼓励社会大众实施“扶危救困”“见义勇为”“救死扶伤”等为社会主流价值观所肯定并倡导的行为。由此可知,该案裁判结论价值导向的负面和消极。又如,前述第一章案例4(“张某诉卢某伟、卢某洪、A保险公司人身伤害赔偿案”)中,若二审对一审判决予以维持,也认为该案不属交通事故,保险公司不承担赔偿责任,那么传递给社会的信号则是“张某撞擦卢某伟车辆并逃逸,卢某伟驾车追赶张某,过失引致张某驾车摔伤,不属交通事故,保险公司不应向卢某伟理赔”。按此逻辑,将该裁判信息放大些理解,则可得出“驾车追赶正在逃逸的抢劫犯罪嫌疑人或故意杀人犯罪嫌疑人,而过失撞伤他人或犯罪嫌疑人,不属交通事故,保险公司不应理赔”的结论。由此而产生的社会价值导向则是,“面对侵害或犯罪,不能驾车追赶以实施私力救济或正当防卫”。这样的价值导向必将使违法、犯罪行为人更加有恃无恐,并多选择在交通运输路段实施其违法、犯罪行为。而正当救助行为则被抑制,社会价值导向负面性明显。在前述第一章案例5(“区某诉‘李某英’离婚纠纷案”)中,法院若以“李某英”身份不明为由,裁定驳回区某的离婚起诉,则意味着,区某想解除其名存实无的婚姻,就必须找到其已找了20多年却仍未找到的妻子“李某英”,待问清其真实身份,才能起诉解除与其的婚姻关系,否则,该婚姻关系永远不能通过司法程序予以解除。即便

"李某英"已不在人世,区某也不能"解除"婚姻关系,因为其无法得知"李某英"已去世。退一步而言,即便知道了,他也无法证明那位已去世的人即其结婚证上载明的妻子"李某英"。此外,区某还无法通过宣告死亡程序,以消灭其与"李某英"的婚姻关系,因为,申请宣告死亡,同起诉离婚一样,也要求被申请人"李某英"身份明确。故此,该裁判结论必将导致区某的婚姻自由权受到严重限制,且得不到任何救济,陷区某于求告无门之困境。由此而生的社会指引必然是使社会大众认同"法律无用论",不再相信法律,司法权威也将无从谈起。

（二）价值导向层面检验与其他层面检验之间的关系

一般而言,若某裁判结论,既符合法理,又有法律依据,利益衡量平衡,则该裁判结论的价值导向也必是正面的。因为法理本身即源于生活实践,立法过程也是伦理常情、正义公平的社会价值观入法的过程,而法律适用过程又是法官反复利益衡量,遵循法律的实践性品格,在法源内不断寻求法律依据的过程。换言之,四层面之间具有价值判断的内在一致性。若某裁判结论既无法理依据,也无法律依据,即使利益衡量再平衡,价值导向再正面,也不可被采纳。因为这不是一个法律适用意义、法律思维意义上的裁判结论。

四面一体裁判法的四个层面中,价值导向层面与法理层面关系最为密切,因为法理之所以成为法理,是因为它承载、蕴含社会伦理常情、正义公平的价值取向,折射社会道德伦理的变迁,弘扬社会人文关爱,反映民事生活、商事生活的发展规律,故与社会价值导向通常一致,或为社会所期待。价值导向层面与法律依据层面之间,既有一致性,又有冲突面。在通常情形下,法律所反映的价值取向,也是社会发展所需要的。但当社会发生剧烈变迁,法律滞后,不能满足社会需要,法官又缺乏法律适用的技艺时,二者就会存在明显冲突。在立法未修改前,平衡二者的对立,靠的是法官法律适用的技艺。价值导向层面与利益衡量层面两者之间的关系,亦并不完全一致。在多数情形下,两者内在的价值判断是一致的,也即凡属利益平衡的,价值导向也一定是正面的。凡属利益失衡的,价值导向也通常是负面的,这为社会普遍的公平观念所决定。但在特殊情形下,利益衡量失衡,但价值导向仍积极正面,也即利益衡量层面与价值导向层面有时呈逆向的关系。如在票据追索权纠纷案件中,出票人丢失票据,善意持票人向出票人行使票据追索权,其虽然与出票人没有任何基础法律关系,但出票人仍应向其支付票据金额,清偿票据债务。这对出票人虽有失公平,但这正是票据无因性法理的体现,也是商事交易中应遵循的商事规则,社会价值导向正面。在前述第二章案例15(“赵某包养刘某纠纷案”)中,驳回赵某的诉讼请求,在赵某和刘某之间,利益衡量是失衡的(合同只实际履行了半年,赵某支付了全年包养费,似不公平),但该裁判结论是妥当的,因为“任何人都不得以其可耻行为有所要求”是社会所倡行的,也即社会价值导向是正面的。

第三节　四面一体裁判法与最妥当裁判结论的证成

在运用四面一体裁判法检验法官预设的裁判结论时,该裁判结论若完全与四面一体裁判法的四个层面相吻合,即既符合法理，又能实现利益平衡，有法律依据，社会价值导向正面，则该裁判结论是最妥当的裁判结论，也是令法官"内心踏实"的裁判结论。但案件多样态，司法实践中，经常会有法官预设的裁判结论并不完全与四个层面相吻合，此时法官该如何抉择？分两种类型讨论。

1. 当预设的裁判结论与价值导向不吻合，无论其与法律规定、利益衡量、法理是否吻合，均应否定该预设的裁判结论。因为法律是实现社会伦理常情、正义公平的手段，对伦理常情、正义公平价值观的维护才是法律适用的目的，故不可有违社会价值导向。此时，应重新预设价值导向正面的裁判结论再行检验。例如，前述案例10（"周某诉张乙、张甲、李某赠与合同纠纷案"）中，若预设的裁判结论支持周某的诉讼请求，判决被告返还玉佩，则该裁判结论与价值导向不吻合（赠与人出尔反尔，有违诚信反可得到保护；对无民事行为能力人的保护反倒弱于对限制民事行为能力人的保护），据此，即应否定该裁判结论。又如，前述案例15（"赵某包养刘某纠纷案"）中"包养协议虽无效，但刘某已被赵某包养了半年，刘某也付出了提供半年服务的对价，且该对价在合同无效后无法恢复原状，故刘某只应返还服务费的一半10万元予赵某"之第二种裁判观点，虽利益平衡，从字面意思来看亦有明确法律规定（合同无效，价款可返还），但因与价值导向不合（任何人都不得以其可耻行为有所要求），故该观点应予否定。

2. 当预设的裁判结论与价值导向吻合时，又可分以下几种主要情形：第一，当预设的裁判结论与已找到的法律规定、利益平衡、价值导向相吻合,而与主流法理学说不一时,表明已有法律规定中隐含的法理有争议,但该裁判结论并不可因此而被否定。

第二,当预设的裁判结论与价值导向、利益平衡相吻合,而与法律规定字面意思不合,或未发现可适用的法律规定或法律规定不明确时,法官应反复推敲可支持该裁判结论的民法法理,坚定地在现有法源内寻找支撑该预设结论的法律依据(必要时可辅以法律解释的手段)。例如,前述案例3("暴力胁迫债权转让纠纷案")中,若预设支持李某的诉讼请求,则该裁判结论价值导向正面、积极,符合正义,双方利益亦平衡。在此种情形下,应反复推敲直至发现可支持该裁判结论的民法法理,坚定寻找法依据。经反复推敲和坚定寻找,最终以合同成立之法理为指引,寻找到合同不成立,一方取得财产应予返还之法律依据,使该案妥当解决。又如,前述案例7("李某诉张某房屋买卖合同纠纷案")中,支持判决合同解除,由张某另案主张赔偿损失的观点即对已有法律规定进行了限缩解释,才找到了妥当的裁判结论。

第三,当预设的裁判结论与价值导向、法律规定、法理相吻合,而与利益衡平不吻合,此时又有两种情形可考虑。首先,若该利益失衡是法律规定有意为之(如股东以出资为限对公司债务承担责任,票据无因性等)或为法律规定应有之义(如遗嘱继承或遗赠中缺失法定继承人"特留份"的规定),则该预设结论可为裁判结论。前述案例13("吴某诉郃某、陈某遗产遗赠纠纷案")中法院的裁判结论即属此情形。其次,若该利益失衡并非法律有意为之或应有之义,纯属法律适用所致,那么,案件则应重推理,再推敲,寻找更妥当的裁判结论。

第四,当预设的多个裁判结论中仅有一个预设结论与价值导向吻合,其他均有违伦理常情、正义公平价值观时,即便是该裁判结论与法律规定不吻合,与利益衡量亦不吻合,也应毫不置疑地肯定该预设结论即该案最妥当的裁判结论。接着需要考虑的,应是反复推敲可支持该预设结论的民法法理,以法理为支撑,全力在现有法源内寻找法律依据,并确信一定能找到(必要时可辅以法律解释之手段)。如前述案例 15(“赵某包养刘某纠纷案”)中预设的“支持赵某的诉讼请求”“部分支持赵某的诉讼请求(刘某返还一半款项予赵某)”“驳回赵某的诉讼请求”之三种预设结论中,唯有“驳回赵某的诉讼请求”与社会正义之价值导向相吻合,该预设结论即使与利益衡量不吻合(合同实际履行了半年,赵某支付了全年包养费,似不公平),亦与原《合同法》第 58 条规定(现为《民法典》第 157 条所承继)的合同无效,因合同而取得的财产应返还的法律后果不吻合,但应肯定,该预设结论即该案最妥当的裁判结论,需要的是寻找法律依据支持该结论,经推敲,终以不法原因给付之民法法理为支撑,对该规定予以目的性限缩适用为据,将该案情形作为适用该法律规定之例外即例证。

四面一体裁判法除可用于案件反向裁判法,作为检验法官预设的裁判结论是否妥适的有力方法,还可用于在正向裁判法中检验法官根据法律事实、法律规定、逻辑运用而得出裁判结论的妥当性。如当法官对该裁判结论感到内心不踏实时,即可运用四面一体裁判法从四个层面检验该裁判结论是否妥适。经综合分析后认为,该已有的裁判结论欠缺妥当性,则必须放弃该裁判结论,而另行推断新的裁判结论,运用四面一体裁判法再次检验,直至确定妥适的裁判结论。换言之,法律的适用并非自动完成,而要经过目光在事实与规范之间的多次逡巡往返,始能定论。

第四节 四面一体裁判法为民商事案件专有裁判法

就刑事案件裁判而言,刑法为禁止性法律规范,强调的是对犯罪行为的制裁和惩罚。凡法所及之处皆为义务,必须遵守。凡法无规定的皆为自由,凡法无规定的皆不受罚。否则,即对公民权利的非法侵害。因此,刑法适用的基本原则是,“法无明文规定不为罪,法无明文规定不受罚”。这要求在“定罪量刑”时,法官必须依据明确的法律规定进行,原则上禁止法官在法律规定外另寻裁判依据,或对法律进行漏洞补充而后适用,否则,法官即滥用职权。而民商事案件则不同,民商法多为授权性规范,可包罗社会生活方方面面,可罗列所有民事权益的法典万能之神话,已为鲜活的社会实践所否定。这就要求对在民商事法律规定之外的或民商事法律规定模糊不清的民事权益,也必须应予保护,并通过案件裁判,正确地划定民商事主体之间的利益边界。这既是民商事法律适用对社会生活实践的因应,也是对民商事主体私权的应有尊重。这就要求,民商事案件裁判如遇有法律规定模糊不清或法无明文规定时,法官须对法律进行解释适用或在法律之外寻求裁判根据,而不得以“法律规定模糊或法无明文规定”为由而拒绝裁判。否则,法官即失职。故“法官不得拒绝裁判”,遂成民商事案件裁判的专有裁判原则。

“法官不得拒绝裁判”,一方面,要求法官在案涉纠纷裁判过程中,遇有法律规定模糊不清或法无明文规定的情况时,不能以法律规定不明或法律规定缺失为由,惰为价值判断,拒绝案件裁判。而须在法律规定之外另寻裁判根据或对法律进行阐释后予以适用。另一方面,要求法官在法律外寻找裁判根据或对法律进行法律解释不得恣意而为,须依法律精神、法律解释的规则进行。正如孟德斯鸠所言,“法律明确时,法官应遵循法律;法律不明确时,法官则应探求法律精神”。[1]

面对法律规定模糊不清或法无明文规定的民商事案件争议,法官虽不得拒绝裁判,可在法律规定之外另寻裁判依据,但这并不意味着法官可对法律规定随意解释,或可在法外恣意裁判。其必须遵循法律解释的规则解释法律或对法律进行漏洞补充,或依据法理寻求裁判依据,以限制其裁判恣意。正如杨仁寿先生所言,“法官应根据科学方法,探求‘活的法律’,对法律加以补充,始为尽职”。[2] 这里的“科学的方法”,无外乎是,法官在寻求裁判依据时须从案件裁判结论是否符合民商法法理,当事人各方利益是否平衡,依法律解释能否找到法律依据,拟确定的裁判结论的社会价值导向、社会影响是否正面、积极之四个层面加以综合分析考虑,且该四个层面各自独立又有机统一,自始贯穿于法律适用过程中。由此,四面一体裁判法便借托民商事案

〔1〕［法］孟德斯鸠:《论法的精神》,许家星译,江西教育出版社2014年版,第76页。
〔2〕杨仁寿:《法学方法论》,中国政法大学出版社1999年版,第179页。

件裁判的内在需要而自然生成,并为民商事案件裁判所专有。

本章结语

四面一体裁判法,既是以“案件裁判的法律适用,应以现有民商事法源为依据,以法律解释为手段,追求法律效果与社会效果相统一的最妥当的裁判结论”为思维取向的崇法型裁判思维模式在民商事案件裁判中的具体化,也是寻求最妥当的民商事案件裁判结论的法律适用方法。四面一体裁判法是指,案件裁判过程中,法官须从法理、利益衡量、法律规定、价值导向四个层面对预设的或经初步推理的裁判结论展开深入分析、比较,再予以归纳综合,最终确定案件裁判结论的法律适用方法。四面一体裁判法中的“四面”既相互独立,又相辅相成,统一于法律适用之机体,贯穿于案件裁判过程中。

第四章　四面一体裁判法的实践运用

——民商事疑难案件的有效破解

民商事疑难案件裁判，一方面，使法官纠结、焦灼，甚至夜不能寐，虽殚精竭虑，仍深陷困顿不能自拔；但另一方面，一旦历经困苦找到突破口，觅得最佳方案，便会身心释然，愉悦轻松，成就感油然而生，振奋之情难以言表。而这些疑难案件的有效破解，最妥当裁判结论的确定，依赖崇法型裁判思维模式及四面一体裁判法的坚定实践。

本章精选4个案例（案例21至案例24）予以分析。

案例21　甲实业公司诉李某购房合同无效纠纷案[1]

案例引言

依据最高人民法院《关于审理商品房买卖合同纠

〔1〕 西安市长安区人民法院民事判决，（2018）陕0116民初2519号。西安市中级人民法院民事判决书，（2018）陕01民终8145号。

纷案件适用法律若干问题的解释》第 2 条之规定,[1]出卖人未取得商品房预售许可证,商品房买卖合同应无效,在起诉前取得商品房预售许可证,则应认定有效。然该案中,甲实业公司在一审起诉前未取得商品房预售许可证,却于一审判决后二审裁判前取得该许可证。当此情形,案涉商品房买卖合同是否有效,该第 2 条后半段之规定该如何理解?该案可否找到既符合法理,又利益平衡,有法律依据,价值导向正当的最妥当裁判结论?

基本案情

甲实业公司在未取得商品房预售许可证情形下,于 2016 年 4 月与购房者李某签订《A 庄园内部认购合同》(以下简称《认购合同》),约定李某向甲实业公司购买 A 庄园 200 平方米商品房一套,购房款 1,204,000 元。合同签订当日,李某依约支付全部购房款 1,204,000 元。

2018 年 2 月,甲实业公司向法院提起诉讼,以其未取得商品房预售许可证为由,请求判决确认其与李某签订的商品房买卖合同无效。

法院裁判

一审法院认为,案涉《认购合同》主要合同条款具备,系商品房买卖合同。因甲实业公司在起诉前未取

[1] 该司法解释虽于 2020 年 12 月 29 日修正,但该条规定未变化。

得商品房预售许可证,依据最高人民法院《关于审理商品房买卖合同纠纷案件适用法律若干问题的解释》第2条"出卖人未取得商品房预售许可证明,与买受人订立的商品房预售合同,应当认定无效,但是在起诉前取得商品房预售许可证明的,可以认定有效"之规定,应确认案涉商品房买卖合同无效。

李某不服一审判决,遂提起上诉。二审法院查明,一审判决作出后,甲实业公司取得商品房预售许可证。

二审法院认为,首先,李某在签订《认购合同》当日即支付了全额购房款,甲实业公司在自身合同目的已经实现情形下,非但不积极履行应尽的合同义务,面对房地产市场出现价格大幅上涨,反而主张合同无效的做法,显然违背诚实信用原则。其次,甲实业公司作为房地产开发企业,对房屋预售所需符合的条件应当是清楚的,对自身不办理商品房预售许可证即预售商品房行为的违法性应当是明知的。甲实业公司以自身原因造成的违法事实为由提起本案诉讼,真正目的在于获取超出合同预期的更大利益,甲实业公司的行为显然与社会价值导向和公众认知相悖。为弘扬社会主义核心价值观,彰显司法公正,对此种行为不应予以支持。最后,甲实业公司签约时未取得商品房预售许可证,虽然违反了有关"商品房预售应当取得商品房预售许可证明"的规定,但是并不必然导致其签订案涉《认购合同》的民事法律行为无效。据此，二审法院认定案涉《认购合同》合同有效，判决撤销一审判决，驳回甲实业公司的诉讼请求。

一、关于二审裁判的三种观点

案涉《认购合同》具备房屋买卖合同主要条款，系商品房买卖合同，各方对此均无异议。但因二审期间，甲实业公司已取得商品房预售许可证，由此，案涉合同法律效力如何认定，则有三种不同观点。

第一种观点认为，甲实业公司系在一审判决后取得商品房预售许可证，并非在一审起诉前取得商品房预售许可证，不符合最高人民法院《关于审理商品房买卖合同纠纷案件适用法律若干问题的解释》第2条后半段规定的合同有效之条件。因为依据该条后半段之规定，并对其作反对解释，便可逻辑地得出“在起诉前未取得商品房预售许可证明的，则应认定合同无效”之结论。故案涉《认购合同》仍应被认定为无效合同，甲实业公司的诉讼请求应予支持。

第二种观点认为，案涉合同签订后，李某已支付全部购房款，甲实业公司于房屋涨价升值之时，诉请确认案涉合同无效，不愿继续履行案涉合同，其行为显然违背诚实信用原则，其真正目的在于另售高价，获取更大利益。若判决认定案涉合同无效，支持甲实业公司的诉讼请求，则有违公平与情理，社会价值导向负面消极。是故，案涉合同应被认定为有效合同，甲实业公司的诉讼请求不应得到支持。

第三种观点认为，甲实业公司取得商品房预售许可证虽非在该案起诉前，也应认定案涉《认购合同》为有效合同，此并不违反最高人民法院《关于审理商品房买卖合同纠纷案件适用法律若干问题的解释》第 2 条之规定。因为，依据该条规范目的，结合该案事实情形，该条后半段中的“在起诉前取得商品房预售许可证明的，可以认定有效”之规定应采目的性扩张解释，将“在起诉前取得商品房预售许可证明的，可以认定有效”扩张解释至“判决作出前取得商品房预售许可证明的，可以认定有效”。据此，案涉《认购合同》应认定为有效合同，驳回甲实业公司的诉讼请求。理由如下。

第一，就相对无效合同法理及法律适用原理而言，案涉合同应认定为有效合同。

合同无效有绝对无效和相对无效之分，绝对无效是指自始、当然、确定、永久无效，无法补正；相对无效是指签订合同时缺乏合同的有效条件，待该有效条件具备时，可补正合同效力，即合同有效。就相对无效而言，合同效力补正的必要条件是“有效条件已具备”，而非“有效条件什么时间具备”。因为只有此，才符合“相类似之案件，应为相同之处理”的法律适用基本原理。依据最高人民法院《关于审理商品房买卖合同纠纷案件适用法律若干问题的解释》第 2 条之规定可知，该条规定中的合同无效系相对无效，因为依该条后半段“但是在起诉前取得商品房预售许可证明的，可以认定有效”之规定，该无效合同效力是可以补正的，并非当然、永久无效。由于相对无效合同效力补正的必要条件是“有效条件已具备”，而非“有效条件何时具备”，故可知，无论是起诉前还是起诉后取得商品房预售许可证明,该合同均应被认定为有效合同。无论是“起诉前取得商品房预售许可证明”,还是“起诉后取得商品房预售许可证明”,二者均属“签订合同时无商品房预售许可证明,签订合同后取得该证明”之相同情形,若起诉前取得商品房预售许可证明,认定合同有效,而起诉后取得商品房预售许可证明,则认定合同无效,这不仅有违相对无效的必要条件是“有效条件已具备”,而非“有效条件何时具备”之法理,也有违“相类似之案件,应为相同之处理”之法律适用原理。

第二,就法律解释原则而言,对第 2 条后半段应采目的性扩张解释,认定案涉合同有效。

认为“起诉前取得商品房预售许可证明,应认定合同有效;起诉后取得商品房预售许可证明,则应认定合同无效”的观点,明显系属对“但是在起诉前取得商品房预售许可证明的,可以认定有效”之规定采反对解释而使然;认为“起诉前取得商品房预售许可证明,应认定合同有效;判决作出前取得商品房预售许可证明的,亦应认定合同有效”之观点,则系属对该规定进行目的性扩张解释使然。因法律解释中的反对解释系逻辑解释、形式解释,而目的性扩张解释系为达“相类似之案件,应为相同之处理”之法律规范目的,故为价值解释。依法律解释原则,对同一法条,当反对解释与目的性扩张解释一致时,两种解释均可解释;对同一法条,当反对解释与目的性扩张解释不一致时,应先为目的性扩张解释,不得遽为反对解释。结合该案,针对最高人民法院《关于审理商品房买卖合同纠纷案件适用法律若干问题的解释》第2条后半段之规定，两种解释结论相异，是故，对该第2条后半段的规定应采目的性扩张解释而不应采反对解释。否则，将有违反对解释、目的性扩张解释之法理。

第三，案涉合同若认定无效，必引发同案裁判结论自相矛盾的荒谬情形发生。

就该案而言，若依“起诉前取得商品房预售许可证明，应认定合同有效；起诉后取得商品房预售许可证明，则应认定合同无效”之观点，二审法院则应判决确认案涉《认购合同》无效，支持甲实业公司的诉讼请求。但在该案二审裁判前，如李某以甲实业公司已取得商品房预售许可证为据，另案向法院提起诉讼，诉请确认案涉《认购合同》继续履行时，由于甲实业公司在李某另行起诉前已取得商品房预售许可证明，故此案中，法院依据最高人民法院《关于审理商品房买卖合同纠纷案件适用法律若干问题的解释》第2条之规定，则应判决确认该《认购合同》有效，支持李某的诉讼请求。这样，同样依据最高人民法院《关于审理商品房买卖合同纠纷案件适用法律若干问题的解释》第2条之规定，针对同一份《认购合同》，对其法律效力的认定则会出现两案裁判结论截然相反、自相矛盾的荒谬情形。此即实证表明，“起诉前取得商品房预售许可证明，应认定合同有效；起诉后取得商品房预售许可证明，则应认定合同无效”之观点的错误与不当。

第四，“但是在起诉前取得商品房预售许可证明的，可以认定有效”之规定仅表明，未取得商品房预售许可证，出卖人销售商品房的，合同无效。如欲确认该合同有效，则应待取得商品房预售许可证后再行起诉，法律只是不鼓励在有效条件还不具备时的随意诉讼而已。而非意味着起诉后取得商品房预售许可证明的,商品房买卖合同则应被认定为无效。

综上所述,应认定案涉《认购合同》为有效合同,对甲实业公司的诉讼请求应予驳回。

二、案涉最妥当裁判观点的确定

对上述三种观点,分别以四面一体裁判法予以检验,则可知第三种观点应为最妥当的裁判结论。具体分析如下。

1. 针对第一种观点

该观点依据反对解释,即得出“起诉前取得商品房预售许可证明,应认定合同有效;起诉后取得商品房预售许可证明,则应认定合同无效”的法律解释结论,并据此认定案涉《认购合同》无效,甲实业公司诉求应予支持。对此,就法理而言,无论是“起诉前取得商品房预售许可证明”,还是“起诉后取得商品房预售许可证明”,二者均属“签订合同时无商品房预售许可证明,签订合同后取得该证明”之相同情形,然而,针对该相同情事,裁判结论却迥然不同,实有违“相类似之案件,应为相同之处理”之法理;就利益衡量而言,甲实业公司违背诚实信用,诉求却被支持,房屋升值利益归其享有,而李某诚信守约,全额支付房款,却不能获取房屋所有权,利益平衡失衡;就价值导向而言,甲实业公司背信违约获得司法保护,李某诚信守约却获不利判决,价值导向负面消极;就法律根据而言,该观点显属对规定的机械套用,无视诚信与公平,割裂法律规范与诚信、公平价值观的内在关联,明显属机械司法型裁判思维模式。经四面一体裁判法检验可知，该观点价值导向负面消极，当事人利益失衡，法律依据不当。

2. 针对第二种观点

该观点认为若支持甲实业公司的诉讼主张，认定案涉合同无效，无疑有违诚实信用，有违社会主义核心价值观，有违公平与情理，故主张认定案涉合同有效，驳回甲实业公司的诉讼请求。对此，就利益衡量、价值导向而言，该观点对甲实业公司违约主张不支持，阻断其获更大利益之意图，保护李某正当权益，可谓实现了利益衡平；该观点使诚信守约的李某获有利判决，使背信违约的甲实业公司获不利判决，价值导向亦属积极正面。然而，就法理层面而言，察该观点之理据，并非以“相类似之案件，应为相同之处理”之法理为支撑，而是以朴素的公平观、正义感、情理认知为支撑；就法律根据而言，该观点完全抛开法律规范，无视法律依据，径直以诚实信用、公平情理、核心价值观直接作为案件裁判依据，显属感性司法型裁判思维模式。经四面一体裁判法检验可知，该观点虽价值导向正当，利益亦衡平，但欠缺法理支撑，无视法律依据。

3. 针对第三种观点

该观点主张应对规定作目的性扩张解释后而予适用，据此确认案涉合同有效，判决驳回甲实业公司的诉讼请求。对此，就法理而言，该观点与“相类似之案件，应为相同之处理”之法理相吻合；就利益衡量而言，该观点彰显违约者的利益主张不被支持，守约者得到保护，可谓实现了利益衡平；就价值导向而言，李某诚信守约获有利判决，甲实业公司背信违约获不利判决，价值导向积极正面；就法律根据而言，该观点为达“相类似之案件，应为相同之处理”之法律规范目的，对规定作目的性扩张解释而后予以适用，法律依据堪称妥当。

综上所述，第三种观点系该案最妥当之裁判观点。

须提示的是，在该案中，若机械套用规定，认定案涉《认购合同》无效，则当事人间利益明显失衡，价值导向亦明显消极；若认定案涉《认购合同》有效，当事人间利益虽平衡，价值导向亦正当，却缺乏明确的法律规定。如何寻找法律依据？此时，应秉持崇法型裁判思维模式，笃行“坚信法律能够解决问题；坚信在现有法律框架内一定能够找到最妥当的方案解决问题；坚信如果裁判结论背离伦理常情、正义公平价值观，那一定是把法律用错了，裁判方案应重思考，再推敲”之法律适用观，如此，在现有法律体系内就一定能够找到法律依据，最终觅得最妥当的裁判结论。该案第三种观点即由此而寻得。

案例 22　甲公司诉乙银行保理合同纠纷案

案例引言

融资方以向银行转让应收账款的方式融资贷款，但当应收账款基础交易文件上债务人的印章系融资方伪造，应收账款不存在真实交易，应收账款债务主体不存在时，融资贷款保证人是否承担保证责任？

基本案情

甲公司与乙银行签订融资合同，约定甲公司将其对丙钢铁公司的应收账款债权转让予乙银行，乙银行为甲公司提供融资服务。如应收账款到期后无法收回,乙银行有权立即收回融资本息,并有权从甲公司账户主动扣款或采取其他办法主动收款,直至收回融资本息。合同签订后,乙银行向甲公司提供融资贷款3000万元。丁公司为甲公司的该3000万元融资向乙银行提供连带责任保证。合同签订后,乙银行向甲公司发放了3000万元融资款。因甲公司与丙钢铁公司不存在真实交易,甲公司融资时向乙银行提交的应收账款基础交易文件上丙钢铁公司的印章均系伪造。乙银行遂将甲公司、丁公司作为共同被告诉至法院,请求判令甲公司支付融资款3000万元及相应利息,丁公司对该笔债务承担保证责任。丁公司辩称,甲公司与乙银行恶意串通,损害丁公司利益,保证合同无效,其不应承担保证责任。

法院裁判

一审判决认为,甲公司与乙银行之间成立金融贷款合同关系,合同合法有效。丁公司未能举证证明乙银行与甲公司存在恶意串通,损害丁公司利益的情形发生,遂判决甲公司向乙银行支付3000万元融资贷款及利息,丁公司就甲公司的贷款债务向乙银行承担连带清偿责任。

二审法院认为,事实上应收债权落空将会导致银行要求保证人承担保证责任,属于保证人提供担保时应当预见的商业风险。本案乙银行在审查应收账款交易材料时虽有过错,但不足以认定其与甲公司串通骗取丁公司的保证,故判决驳回上诉,维持一审判决。

该案再审期间,丁公司与乙银行达成调解协议,丁公司向乙银行支付1500万元,乙银行不再追究丁公司保证责任。

一、该案两种裁判观点介绍

第一种观点认为,丁公司是否承担连带保证责任,取决于案涉保证合同是否有效,该保证合同是否有效,则取决于甲公司与乙银行之间是否存在恶意串通损害丁公司利益的情形。对此,案涉应收账款虽虚假,应收账款基础交易文件上丙钢铁公司的印章系伪造,但此虽可证明乙银行在审查应收账款时存在疏忽,主观有过错,却不能证明甲公司、乙银行系恶意串通损害丁公司利益。是故,案涉保证合同应属有效合同,丁公司应对甲公司的案涉银行贷款债务承担连带保证责任。该第一种观点即法院裁判观点。

第二种观点认为,本案属银行保理业务,案涉融资合同系保理合同,银行对应收账款交易文件应履行实质审查义务。保证人为案涉保理合同提供担保,是基于信赖银行依约履行对应收账款的审查义务,银行因自身过错导致应收账款落空,超出保证人的保证范围。应类推适用原《担保法》关于物保与人保并存的法律规定,即类推适用原《担保法》第28条第2款“债权人放弃物的担保的,保证人在债权人放弃权利的范畴内免除保证责任”(内容现为《民法典》第392条所涵摄)之规定。因债权人自身过错导致应收账款无法实现的，与因债权人自身原因未实现物保具有同一效果，应当相应免除保证人的责任。应收账款虽不是担保物，但是银行保理业务与应收账款质押相比，更能直接保障债权人的利益，故根据举轻以明重的法律适用规则，在因债权人的过错导致应收账款落空的情况下，保证人也相应地免除保证责任。[1]

二、依四面一体裁判法对该两种裁判观点评析

（一）针对第一种观点

就法理而言，该观点认为，案涉融资合同应被定性为一般银行贷款合同，丁公司与乙银行之间成立连带责任保证合同。显然，该观点忽略了案涉融资合同中约定的甲公司须将应收账款转让乙银行的融资前提，而此系保理合同与一般贷款合同相区别的典型法理特征。由此可知，该观点误将保理合同认定为一般银行贷款合同。

就法律规定而言，该观点认为，案涉保证合同有效，丁公司对甲公司贷款债务承担连带清偿责任，原《担保法》对此有明确规定。对此，在对案涉融资合同定性不当的情形下，该观点所持法律依据自然失当。

就利益衡量而言，依据《商业银行保理业务管理暂行办法》（以下简称《办法》）第 14 条“商业银行受理保理融资业务时，应

---

〔1〕 孙丽丽：《保理业务中银行过错可构成保证人的减责事由 | 巡回观旨》，载搜狐网 2017 年 12 月 15 日，https://www.sohu.com/a/210738836_159412。

当严格审核卖方和/或买方的资信、经营及财务状况，分析拟做保理融资的应收账款情况，包括是否出质、转让以及账龄结构等，合理判断买方的付款意愿、付款能力以及卖方的回购能力，审查买卖合同等资料的真实性与合法性。对因提供服务、承接工程或其他非销售商品原因所产生的应收账款，或买卖双方为关联企业的应收账款，应当从严审查交易背景真实性和定价的合理性”、第 15 条“商业银行应当对客户和交易等相关情况进行有效的尽职调查，重点对交易对手、交易商品及贸易习惯等内容进行审核，并通过审核单据原件或银行认可的电子贸易信息等方式，确认相关交易行为真实合理存在，避免客户通过虚开发票或伪造贸易合同、物流、回款等手段恶意骗取融资”之规定可知，商业银行受理保理融资业务时，应当严格审核卖方和买方的资信、经营及财务状况，应当审查买卖合同等资料的真实性与合法性，应当对客户和交易等相关情况进行有效的尽职调查，确认相关交易行为真实合理存在。此表明，商业银行对保理融资业务中的应收账款基础交易文件具有实质审查义务。该案中，因乙银行疏于实质审查义务之履行，而致发生应收账款虚假、应收账款文件上的印章系伪造之情形，乙银行对此具有重大过错。在乙银行具有重大过错而致自身贷款本金及利息难以收回之风险情形下，却由丁公司承担还款责任，此无疑等于将乙银行的过错行为所致的自身风险转由无过错的丁公司承担，利益平衡可谓严重失衡。

就价值导向而言，乙银行违反《办法》规定的实质审查义务，由此招致的贷款难以收回的风险却可转嫁他人承担，此必导致乙银行对应收账款审查更为懈怠,致使《办法》规定的银行实质审查义务形同虚设,无端加大保证人的保证风险。据此,该观点价值导向可谓负面消极。

综上,依四面一体裁判法审查,该观点法理失据,法律依据失当,利益取舍失衡,价值导向负面、消极。

(二)针对第二种观点

就法理而言,该观点认为,案涉融资合同应被定性为保理合同而非一般银行贷款合同,因为甲公司与乙银行之间的融资合同系以甲公司向乙银行转让应收账款为前提,符合保理合同的法理定义。保理合同之定义,体现在上述《办法》第 6 条第 1 款"本办法所称保理业务是以债权人转让其应收账款为前提,集应收账款催收、管理、坏账担保及融资于一体的综合性金融服务。债权人将其应收账款转让给商业银行,由商业银行向其提供下列服务中至少一项的,即为保理业务:(一)应收账款催收……"之规定中。《民法典》颁布实施后,体现在其第 761 条"保理合同是应收账款债权人将现有的或者将有的应收账款转让给保理人,保理人提供资金融通、应收账款管理或者催收、应收账款债务人付款担保等服务的合同"之规定中,由此保理合同成为有名合同。

就法律规定而言,该观点主张类推适用原《担保法》第 28 条第 2 款"债权人放弃物的担保的,保证人在债权人放弃权利的范畴内免除保证责任"之规定。对此,笔者认为,该案情形不能类推适用该条款规定。理由是,根据该条款规定可知,该条款中的债权人系能够行使物保权利而故意放弃不行使。此表明,该条款适用的事实情形是:物权担保真实有效;债权人属能够行使物保权利而“故意”放弃不行使,其主观心态属故意,其放弃物保权利是行使物权处分权能,而不是欲行使物保权利而行使不能的受害人。而该案的事实情形是:应收账款虚假、印章系伪造、应收账款债务主体不存在,此皆因甲公司故意欺诈乙银行所致,乙银行是受害人;乙银行行使应收账款权利却客观不能,而非能够行使应收账款权利却故意放弃不行使。

两事实情形经对比可知:前者可行使的物保权利真实存在且有效,后者欲行使的应收账款权利虚假不存在;前者行使物保权利指向的义务主体(物保担保人)真实确定,后者行使应收账款权利指向的义务主体(应收账款债务人)虚假不存在;前者债权人系能够行使物保权利而故意放弃不行使,后者乙银行系欲行使应收账款权利而客观不能;前者债权人并非受害人,后者乙银行明显系受甲公司欺诈的受害人。对比表明,两事实情形完全不同,并非属“相类似之案件,可谓相同之处理”之法律适用情形,是故,不能类推适用该条款。

就利益衡量而言,该观点主张免除丁公司的保证责任,主张因乙银行过错而致的自身放贷风险应由乙银行自行承担,不能将由此而致的贷款难以收回的风险转嫁由保证人承担,从而加大保证人的风险,加重保证人的保证责任,体现了“谁过错,谁担责”的公平观。据此,该观点利益衡量可为取舍衡平。

就价值导向而言,该观点主张乙银行应为自身的应收账款审查过错行为担责,为自身的过错担风险。无疑,此可有效引导银行等保理商全面履行《办法》规定的对应收账款的实质审查义务，社会价值导向正面、积极。

综上，依四面一体裁判法进行审查可知，该观点虽利益取舍衡平，价值导向正面，亦有法理支撑，但法律依据有失妥当。

三、笔者观点

由上文可知，第一种观点法理失据，法律依据失当，利益取舍失衡，价值导向负面、消极，应当坚定放弃，否则属机械司法；第二种观点虽利益取舍衡平，价值导向正面，亦有法理支撑，但法律依据有失妥当。若径行采用，则属感性司法。那么，是否另有更妥当的观点？对此应予肯定回答。笔者提供第三种裁判观点供分析。

该案中，笔者赞同驳回乙银行诉请丁公司承担连带保证责任的诉讼主张，也即丁公司不应承担连带保证责任。该结论与上述第二种观点有所不同，上述第二种观点认为，该案应类推适用原《担保法》第 28 条第 2 款之规定，对丁公司连带保证责任应予免除。笔者则认为，丁公司之所以不应承担连带保证责任，是因为丁公司担保的是乙银行与甲公司签订的保理合同项下的乙银行贷款债权，但在该案中，丁公司担保的乙银行的保理合同贷款债权根本未发生，该案发生的是乙银行对甲公司的一般贷款合同债权，而丁公司对此一般贷款合同债权并未提供保证担保。是故，乙银行诉请丁公司承担连带保证责任无事实依据，不应支持。详言之，就甲公司与乙银行签订的融资贷款合同而言，由于该融资合同以甲公司向乙银行转让应收账款为前提，符合保理合同的构成要件，故案涉合同应被定性为保理合同，而非一般贷款合同。丁公司与乙银行签订保证合同为甲公司该融资贷款提供连带责任保证,即为该保理合同项下的甲公司的贷款债务向乙银行提供连带责任保证,而非为甲公司与乙银行的一般贷款债权提供连带责任保证。换言之,丁公司与乙银行之间的保证合同所担保的主合同的主债权,系甲公司与乙银行之间的保理合同项下的贷款债权,而非甲公司与乙银行之间的一般贷款合同项下的一般贷款债权。由于保理合同项下的贷款债权实现有应收账款权利的先予行使为保障,一般贷款合同项下的贷款债权实现则无此保障,是故,该两种主债权实现的风险大小完全不同。由此,对保证人的保证责任风险大小的影响完全不同。就保理合同项下的贷款债权而言,保证人的保证责任风险小;就一般贷款合同项下的贷款债权而言,保证人保证责任风险大。是故,为保理合同项下的保理贷款债权提供保证责任与为一般贷款合同项下的一般贷款债权提供保证责任,完全是对两种不同主债权提供的两种不同的保证责任。

该案中,就丁公司而言,丁公司明显是为乙银行与甲公司之间的保理合同项下的乙银行贷款债权提供保证责任,乙银行、甲公司对此均属明知。但由于甲公司对乙银行的欺诈及乙银行对应收账款审查有重大过错,导致该案应收账款虚假,应收账款债务主体根本不存在的情形发生,由此,甲公司与乙银行之间的应收账款转让根本不存在,甲公司与乙银行之间原本约定的保理融资贷款合同,因在合同履行过程中根本不存在应收账款转让,而转化为一般贷款合同。也由此,丁公司对乙银行的保理合同贷款债权的保证担保,因甲公司与乙银行之双方过错(甲公司之欺诈过错,乙银行之审查过错),在事实层面,被转化为对乙银行的一般贷款债权的保证担保,而这种转化明显有违丁公司的真实意思。由于保理合同贷款债权与一般贷款合同债权两者风险大小完全不同,根本不属同一债权,而丁公司的真实意思是为乙银行的保理合同贷款债权提供保证担保,从未有为其一般贷款合同债权提供保证担保的意思表示,而丁公司所欲保证的乙银行保理合同贷款债权因应收账款债务主体的不存在而根本未发生。是故可以认定,一方面,因丁公司所欲担保的乙银行保理贷款债权未发生,丁公司自无连带保证责任可言;另一方面,该案发生的债权实是乙银行的一般贷款合同债权,丁公司因对该一般贷款合同债权从无保证担保的意思表示,自然也不产生连带保证责任。

依四面一体裁判法对上述观点检验可知,就法理而言,将案涉融资合同定性为保理合同而非一般银行贷款合同,符合保理合同法理;就法律依据而言,因丁公司所欲担保的乙银行保理贷款债权未发生,该案中实际发生的债权丁公司又未提供保证担保。是故,乙银行对丁公司的诉讼请求不予支持,即丁公司不承担连带保证责任,法律依据明确;就利益衡量而言,体现了“谁过错,谁担责”的公平观,未无端增加保证人的保证负担,利益取舍衡平;就价值导向而言,乙银行应为自身的过错承担风险,还可有效引导银行等保理商全面履行《办法》规定的对应收账款的实质审查义务,社会价值导向正面、积极。因此,该观点可谓该案最妥当的裁判观点。

案例23　甲公司诉乙公司土地使用权转让合同纠纷案[1]

案例引言

该案涉及“未经抵押权人同意转让抵押物的行为”的法律效力认定问题,《民法典》颁布实施前,司法裁判对此观点不一,有无效说、效力待定说、负担行为有效处分行为无效说、有效说之四种观点,笔者曾运用四面一体裁判法分析该案,认为司法裁判中该案采有效说最妥当。《民法典》颁布实施后,有效说得以立法明确,此虽功归《民法典》第406条第1款“抵押期间,抵押人可以转让抵押财产。当事人另有约定的,按照其约定。抵押财产转让的,抵押权不受影响”之规定对原《物权法》第191条第2款“抵押期间,抵押人未经抵押权人同意,不得转让抵押财产,但受让人代为清偿债务消灭抵押权的除外”的妥当修改,但笔者想表达的是,即使依据不完美的原《物权法》第191条第2款之规定,依四面一体裁判法,该案也应采有效说的裁判结论,此可实证四面一体裁判法不仅可寻找最妥当的裁判结论,还可于法律适用层面弥补立法之不足,案情介绍及实证分析如下文。

---

〔1〕 重庆索特盐化股份有限公司与重庆新万基房地产开发有限公司土地使用权转让合同纠纷案,载《最高人民法院公报》2009年第4期。

基本案情

甲公司为提供贷款担保，将其享有土地使用权的4块商服用地抵押予J银行W分行(以下简称W分行)，并已办理抵押登记(抵押期限：2005年至2011年)。2005年12月1日，甲公司与乙公司签订《联合开发协议》，约定由甲公司在约定时间内对上述土地抵押权予以解除，乙公司负责出资，甲公司则提供上述土地使用权，两公司共同对该土地进行开发。甲公司承诺，抵押权解除手续由其在不影响开发进度的前提下负责办理，否则将根据乙公司总投资额的30%支付违约金，并赔偿损失。乙公司则以不少于4亿元的总资金额度进行投资开发，同时还将投入3100万元，用于改造升级甲公司的办公大楼，甲公司对改造后的大楼仍享有所有权。若乙公司未能按开发进度及时投入资金，而影响开发进度，或未依时支付其应支付的利润款给甲公司，乙公司须按总投资额的30%，向甲公司支付违约金。

同日，双方又签订《补充协议》，约定：甲公司以实际交付开发的土地使用权来分配税后利润，由乙公司支付给甲公司，具体标准按照37万元/亩(后双方调整为48万元/亩)计算。对于乙公司在开发运营中产生的经营风险及亏损，甲公司则无须承担任何责任。签约后，乙公司向甲公司发出项目开发进度表，请甲公司在相应时间内办理好土地解押手续，而甲公司一直未予回复。

抵押权人W分行随后致函甲公司，称其在未经该行同意的情况下，擅自将抵押物用于与他人合作，用于房地产开发，严重侵害该行享有的抵押权，并要求甲公司立即停止侵权行为。

2007年12月20日，甲公司将乙公司起诉至重庆市高级人民法院，称乙公司未依约履行其应尽的合同义务，以致无法实现联合开发的目的。请求法院判决：解除双方签订的《联合开发协议》和《补充协议》；乙公司向甲公司支付违约金1000万元。针对甲公司的诉讼主张，乙公司提起反诉称，由于双方约定共同开发的土地价格上涨，甲公司为获得更大利益，遂以各种借口，拒不履行合同主要义务，并请求法院判决：甲公司应支付违约金6000万元。

法院裁判

一审法院认为，从当事人双方约定的具体内容来看，两公司签订的《联合开发协议》和《补充协议》实属土地使用权转让合同。因甲公司已将该土地使用权抵押给W分行，并依法办理了抵押登记，故该转让合同违反了原《担保法》第49条第1款“抵押期间，抵押人转让已办理登记的抵押物的，应当通知抵押权人并告知受让人转让物已经抵押的情况；抵押人未通知抵押权人或者未告知受让人的，转让行为无效”的规定，应属无效合同。根据《〈担保法〉解释》第67条第1款“抵押权存续期间，抵押人转让抵押物未通知抵押权人或者未告知受让人的，如果抵押物已经登记的，抵押权人仍可以行使抵押权；取得抵押物所有权的受让人，可以代替债务人清偿其全部债务，使抵押权消灭。受让人清偿债务后可以向抵押人追偿……”的规定，乙公司可以行使但并未行使涤除权，故该转让行为的效力亦未能得到补正。据此，一审法院判决：驳回甲公司主张合同解除及乙公司应支付1000万元违约金的诉讼请求；驳回乙公司主张6000万元违约金的反诉请求；判决甲公司向乙公司赔偿损失79，320.5元。[1]

对一审判决，乙公司表示不服，向二审法院提起上诉。最高人民法院经二审审理认为，首先，一审判决认定案涉《联合开发协议》和《补充协议》实属土地使用权转让合同妥当。在该协议中，双方约定，在不影响开发进度的前提下，由甲公司办理解除抵押的相关手续。此约定由甲公司承担先行解除案涉土地抵押权的义务不违反法律规定，既使抵押权人利益受到保障，也未妨害抵押人、受让方的利益，未违反原《担保法》、原《物权法》及《〈担保法〉解释》中平衡当事人利益的立法精神。转让方承诺，由其在不影响开发进度的前提下先行解除抵押权，此承诺属于合同中的负担行为，即承担义务的行为，符合当事人意思自治和合同自由的原则，且保证了抵押权人的利益不受到损害。因此，《联合开

〔1〕 重庆市高级人民法院民事判决书，(2008)渝高法民初字第2号。

发协议》和《补充协议》合法有效。其次，根据原《物权法》第15条“当事人之间订立有关设立、变更、转让和消灭不动产物权的合同，除法律另有规定或者合同另有约定外，自合同成立时生效；未办理物权登记的，不影响合同效力”[1]之规定，确定了不动产物权变动的原因和结果相区分的原则。物权转让行为未能成就，并不必然导致物权转让的原因无效，也即债权合同无效。作为讼争土地使用权转让的原因行为，双方签订的协议是一种债权形成行为，而非土地使用权转让的物权变动行为。相关法律关于未经通知抵押权人而导致物权转让行为无效的规定，其效力不应当扩及物权变动行为的原因行为。这是因为，当事人可以在合同中约定完善物权转让的条件，从而使转让行为符合法律规定。本案即属于此种情形。据此，二审法院遂改判解除双方签订的土地使用权转让合同，甲公司则应向乙公司支付4038万元违约金。[2]

该案二审判决生效后，最高人民检察院认为该案案件事实认定及适用法律不当，遂对该案提起抗诉。最高人民法院经再审，对二审判决认定案涉《联合开发协议》和《补充协议》属土地使用权转让合同及合同有效的理由均予以维持。只是认为二审判决认定的违约

---

〔1〕 内容现为《民法典》第215条所承继。

〔2〕 最高人民法院民事判决书，(2008)民一终字第122号。

金额过高，应予以调整，遂改判甲公司向乙公司支付的违约金金额应为1400万元。[1]

一、案涉四种裁判观点

该案例中，甲公司、乙公司当事人双方签订的《联合开发协议》及《补充协议》，名为合资开发合同，而约定的内容实为土地使用权转让合同。据此，一审、二审、再审法院均将该案所涉合同法律关系定性为土地使用权转让合同，当事人双方对此也无异议，该法律关系之定性应予肯定。该案焦点问题为：在合同所涉土地已作为抵押物抵押予抵押权人W分行，且已办理抵押登记，甲公司在未经抵押权人W分行同意的情形下，与乙公司签订的土地使用权转让合同是否有效？这涉及抵押物转让合同的效力问题，调整抵押物转让的法律规定即原《物权法》第191条，故牵涉该法条如何适用、如何解读的问题。根据原《物权法》第191条第2款的规定，关于抵押人未经抵押权人同意转让抵押物之合同的效力，学界、司法实务中共有四种观点。

第一种观点认为，该法条中的"抵押期间，抵押人未经抵押权人同意，不得转让抵押财产"之规定属效力性规范，未经抵押权人同意的抵押物转让合同应被认定为无效。[2]

第二种观点主张应认定抵押物转让合同效力待定，抵押权人未同意前，该合同不生效；待抵押权人同意后，该合同即有效，

〔1〕 最高人民法院民事判决书，(2010)民抗字第67号。
〔2〕 崔建远：《物权法》(第2版)，中国人民大学出版社2011年版，第460页。

反之,该合同即无效。[1]

第三种观点认为,原《物权法》第 191 条第 2 款规定未经抵押权人同意,抵押物不得转让,是指抵押人对抵押物的处分行为无效,作为负担行为的抵押物转让合同应有效。[2]

第四种观点(笔者观点)认为,原《物权法》第 191 条的立法意旨在于,其是约束抵押人、抵押权人的法律规范,并不是规制抵押人、受让人的法律规范。该法条第 1 款是关于抵押物转让价款物上代位的规定。该法条第 2 款是关于抵押物未经抵押权人同意不得转让的规定,其虽也涉及受让人向抵押权人替代清偿抵押人债务时,受让人可受让抵押物的规定,但这不是针对受让人的特别规定。因为替代清偿与受让人的涤除权不同。替代清偿系清偿全部债权,以解除对抵押物流转的限制,但涤除权的行使,受让人无须清偿全部债权,而是根据估价支付一定价款即可;此外,涤除权的行使专属抵押物受让人,而替代清偿除受让人外,其他人均可行使。[3] 故原《物权法》第 191 条实质上并不涉及对抵押人、受让人的规制。该法条第 2 款虽有"抵押期间,抵押人未经抵押权人同意,不得转让抵押财产"的规定,但对该条款的违反,更合乎逻辑的解释应是,仅产生于抵押人与受让人之间的抵押物转让对抵押权人的抵押权之行使不产生任何影

---

〔1〕 谢雪凯:《〈物权法〉第 191 条:质疑和批判之间——以不动产抵押物转让为中心》,载《重庆交通大学学报(社会科学版)》2011 年第 3 期。

〔2〕 陈永强、王建东:《论抵押物转让的法律效果:以对我国〈物权法〉第 191 条的解释为中心》,载《政治与法律》2009 年第 9 期。

〔3〕 谢雪凯:《〈物权法〉第 191 条:质疑和批判之间——以不动产抵押物转让为中心》,载《重庆交通大学学报(社会科学版)》2011 年第 3 期。

响,抵押权人仍可针对受让人受让的抵押物行使抵押权,也即抵押权有追及效力。该条款并不关乎抵押人与受让人之间的抵押物转让合同效力有无的判定,并非抵押物转让合同的效力性规范,因为抵押物本身并非属违反强行法或公序良俗的禁止流通物,抵押人未经抵押权人同意对抵押物的处分,是属对私法自治内“权限”的逾越,而非对私法自治界限的逾越。正如苏永钦教授所言,“法律行为逾越处分界限者,也并非‘无效’,而是在获得有权许可前‘不生效力’。法律行为违反‘命令’和‘社会规范’(如公序良俗)而无效,性质上是私法自治‘内容’界限的逾越,而‘处分权’的僭越,则是私法自治内部‘权限’界限的逾越,两者根本不能同日而语”。[1]

二、最妥当裁判观点的确定

笔者根据上述民商事法律适用的四面一体裁判法,结合对《物权法》第191条的解读,对上述四种观点进行分析评判。

(一)就民法法理而言,哪种观点更吻合抵押物出让、合同效力判定的民法法理?

依据传统民法,抵押人对抵押物享有所有权。对物之所有权的享有,即存在对物处分权的行使,这是由对物之所有权的处分权能决定的,抵押物也概莫能外。因此,对抵押物的转让,无论是债权合同还是物权合同,均不应因此而无效,这体现了对所有权之处分权能的尊重。抵押权属物权,是对物之权,而非对人

〔1〕 周伦军:《公司对外提供担保的合同效力判断规则》,载《法律适用》2014年第8期。

之权，这意味着抵押物被抵押人转让给受让人，抵押权并不因此而消灭，基于其物权属性及由物权属性而必然衍生出的追及效力，即可追及至“物的新主人”——抵押物受让人，对抵押物行使抵押权，此即抵押权的追及效力。此基本法理，已为大陆法系民法所承认，并规定在其民法典中。正如学者所言，“在近代的大陆法系的立法中，无论是以日耳曼为传统的德国及瑞士民法，还是以罗马法为传统的法国民法以及以法国法为蓝本的日本民法，都毫无例外地承认抵押权的追及效力”。[1]

第一种观点主张合同无效，否定抵押权的追及效力，事实上等于否定抵押权的物权属性，把抵押权扭曲理解为对人权，明显有违抵押权物权属性的基本法理。同时，也有违抵押物转让不影响抵押权人的抵押权行使，尊重抵押人对抵押物所有权处分权能行使的基本法理。

第二种观点主张为效力待定合同。在抵押权人不同意的情形下，认为合同无效，这同样有违抵押物转让基本法理，理由与第一种观点相同。在抵押权人同意的情形下，即认为合同有效，将合同效力交由抵押权人的“同意”与否而决定，显然与合同效力有无的判定规则不符，因合同效力有无的判定是依据法律、行政法规的效力性规范而判定。原《物权法》第 191 条第 2 款是否属效力性规范值得商榷，在未对其分析判定的情形下，即将其作为效力性规范看待，欠缺说服力。该观点属“欲在合同有效、无效间予以中间调和的欠缺法理分析”的“和稀泥”观点。

[1] 许明月：《抵押权制度研究》，法律出版社 1998 年版，第 89 页。

第三种观点，承认原《物权法》第191条第2款中因使用了“不得转让”的字样，故认为该条款应属效力性规范。但又认为，该条款应仅指抵押物发生物权变动的处分行为无效，而非指作为抵押物转让的负担行为无效。换言之，抵押物转让合同有效，物权变动行为无效。就该观点承认抵押物转让合同有效而言，其与合同效力判定法理相一致。但就该观点认为物权变动无效而言，实质上也是在限制抵押人作为抵押物所有权人对所有物的处分权能，有违抵押物转让的基本法理，理由同第一种观点分析相同。

第四种观点，主张抵押人未经抵押权人同意而与抵押物受让人签订的抵押物转让合同，不因“未经抵押权人同意”而影响其合同效力，也即该合同应为有效合同。若受让人已取得抵押物的所有权，该物权变动亦应有效，但对抵押权人来说，由于该物权变动未经其同意，故不影响其抵押权的行使，也即承认抵押权有追及效力。由此可知，该观点与抵押权的物权性、抵押物转让及合同效力判定等基本法理相吻合。

综上分析可知，第四种观点自民法法理层面更有说服力。

（二）就利益衡量而言，哪种观点更能使抵押物转让所涉各方利益趋于衡平？

根据第一种观点，未经抵押权人同意，抵押物转让合同无效，体现了对抵押权人的利益保护，却损害了抵押人也即抵押物所有权人的利益，因为这限制了抵押人对所有物的处分权，增加了抵押人预期融资的成本，制约了抵押权制度信用放大功能的发挥。[1] 同时,受让人也不能取得抵押物的所有权,若其已支付抵押物的价款,还承担着抵押人不能返还该价款的风险。从原《物权法》第 191 条第 2 款规定可知,受让人若欲使抵押物转让合同有效,从而受让抵押物,就必须替代抵押人或债务人清偿全部债务,才能取得抵押物的所有权,即使抵押权人享有的债权还未到清偿期,受让人对全部债权也须替代清偿,这也反映了对抵押权人利益的保护,加重了受让人的负担。由此可知,在抵押物转让合同无效的情形下,抵押权人的利益得到了突出保护,抵押人、受让人的利益受到了不当限制,三方利益并不平衡。

根据第二种观点,在抵押权人同意的情形下,转让合同有效,同时,根据原《物权法》第 191 条第 1 款的规定,抵押权人可取得价款清偿或通过价款提存提前实现债权,抵押人能够处分其物,受让人受让抵押物的所有权得到保障,抵押物也可自由流通,实现物尽其用,各方利益均告平衡。但若抵押权人不同意转让抵押物,则转让合同无效,三方利益如同第一种观点下的情形一样不再平衡。

根据第三种观点,转让合同虽然有效,但物权转让行为无效,不产生物权变动效力,抵押物所有权并没有发生变动,抵押权人仍可行使抵押权,其债权仍可得到保障。而对抵押人来说,抵押物转让不能发生物权变动,其对抵押物的处分权仍受到限制。对受让人来说,因物权转让行为、物权变动无效,其除不能

[1] 许明月:《抵押物转让制度之立法缺失及其司法解乏补救:评〈中华人民共和国物权法〉第 191 条》,载《法商研究》2008 年第 2 期。

取得抵押物的所有权外,仍要承担已支付的价款向抵押人追讨无果的风险。利益考量显不衡平。

根据第四种观点,抵押物转让合同有效,抵押权人之抵押权不受影响,即便是受让人已取得抵押物的所有权,抵押权仍可追及行使,抵押权人的利益没有受到实质损害。抵押人可处分抵押物,其对抵押物的所有权行使也未受影响,受让人也不会因为抵押物转让合同无效而不能取得抵押物的所有权。抵押人、抵押权人、受让人三方利益趋向平衡。即便是抵押权人行使抵押权,拍卖抵押物实现债权使受让人失去抵押物,那也是因抵押权人的抵押权先于受让人取得所有权使然,而且,受让人失去抵押物后,还可依据有效的抵押物转让合同追究抵押人的违约责任以救济其损失。这样,抵押人、抵押权人、受让人三方利益趋向平衡。

上述分析表明,就利益衡量而言,第四种观点最可采。

(三)就法律规定、法律体系的自洽而言,哪种观点更吻合原《物权法》第 191 条的法意内涵,且与法律体系更契合?

第一种观点主张合同无效,就法律规范而言,该条第 2 款并未直接规定抵押人未经抵押权人同意而转让抵押物的行为无效,只是规定“不得转让”,依该“不得”二字即得出该条款为效力性规范,违反者,转让合同即无效,不仅有望文生义之嫌,而且还属法条解读的专断。因为抵押人未经抵押权人同意违背“不得转让”而转让抵押物的后果,完全还可以理解为,“抵押人未经抵押权人同意而转让抵押物的,对抵押权人不生效力”之法律后果,也即抵押权人仍可追及行使抵押权。此时,该“不得转让”的限制,则根本与抵押物转让合同的效力无关。由此可知,该观点并非原《物权法》第 191 条的唯一解读。

此外,该观点与原《担保法》第 49 条第 1 款“抵押期间,抵押人转让已办理登记的抵押物的,应当通知抵押权人并告知受让人转让物已经抵押的情况;抵押人未通知抵押权人或者未告知受让人的,转让行为无效”之规定也相冲突,因该条规定的是“抵押物转让未通知抵押权人时,转让合同无效”,而非“未经抵押权人同意,转让合同无效”。该观点与原《〈担保法〉解释》第 67 条第 1 款“抵押权存续期间,抵押人转让抵押物未通知抵押权人或者未告知受让人的,如果抵押物已经登记的,抵押权人仍可以行使抵押权;取得抵押物所有权的受让人,可以代替债务人清偿其全部债务,使抵押权消灭。受让人清偿债务后可以向抵押人追偿”之规定更不相容。因为根据该条规定,抵押物转让未通知抵押权人的,转让行为有效,抵押物已登记的,抵押权有追及效力。综上,该观点既不是原《物权法》第 191 条的唯一解读,也与原《担保法》第 49 条第 1 款、原《〈担保法〉解释》第 67 条第 1 款不相容,不能与现有法律体系相契合。

第二种观点主张应为效力待定合同。首先,依学界主流观点,效力待定合同通常包括三类合同,即原《合同法》第 47 条、第 51 条规定的限制民事行为能力人签订的合同、无权处分合同(该种合同已由相关司法解释规定为有效合同),原《民法通则》第 66 条规定的无权代理合同。[1] 而“未经抵押权人同意转让抵押

〔1〕 王利明:《合同法研究》(第 1 卷),中国人民大学出版社 2002 年版,第 541 页。

物的合同”并不属此三类合同。其次,该观点欠缺法律的明文规定。对原《物权法》第 191 条进行解读,不能得出该合同属效力待定合同的结论。因原《物权法》第 191 条第 2 款并未规定,“未经抵押权人同意而转让抵押物的,经抵押权人追认,合同有效”。同时,效力待定合同中的“追认”,是指因合同主体的意思表示有欠缺,为弥补这种欠缺,而以“追认”的方式对合同主体的意思表示予以补正。如限制民事行为能力人的意思表示欠缺,由其法定代理人以“追认”的方式予以补正,无权代理中的被代理人因欠缺意思表示,由被代理人以“追认”的方式来确认无权代理人代为的“意思表示”。而在抵押物转让合同中,抵押人属完全民事行为能力人,其意思表示能力并不欠缺,并不需要抵押权人来“追认”(即便其属于限制民事行为能力人而意思表示能力欠缺,也应由其法定代理人予以“追认”,而非由抵押权人表示“同意”)。故该观点与原《物权法》第 191 条并不契合。此外,该观点与原《担保法》第 49 条第 1 款、原《〈担保法〉解释》第 67 条第 1 款也冲突明显。

第三种观点将抵押物转让合同区分为债权合同、物权合同,此与原《物权法》关于物权变动的立法模式存在冲突,因为原《物权法》并非采物权形式主义下的物权变动模式,而是采以债权形式主义为主,以意思主义为辅的物权变动模式。[1] 原《物权法》第 191 条作为物权法体系的构成部分,自然与该观点的解读不相兼容。此外,该观点与原《担保法》第 49 条第 1 款、原《〈担保法〉

---

〔1〕 韩松等主编:《物权法》,法律出版社 2008 年版,第 49 页。

解释》第67条第1款也互不能包容。

第四种观点将对原《物权法》第191条第2款的违反，解释为抵押物转让的效力对抵押权人之抵押权的行使不产生影响，而非抵押物转让合同无效，也非受让人取得抵押物所有权的物权变动无效，既符合该条款的文义解释，也符合该条款平衡抵押权人、抵押人、受让人及"物尽其用"的立法目的的价值取向。该观点结论最贴合原《物权法》第191条的规范意旨，与原《〈担保法〉解释》第67条也相融合，这表明其与抵押担保之现有法律体系的契合度最高。该观点虽与原《担保法》第49条相抵触，却不影响原《物权法》第191条的法律适用，原《担保法》第49条与原《物权法》第191条相冲突，自应遵守原《物权法》第191条的规定。

（四）就社会价值导向而言，哪种观点所得结论使价值导向正面、积极？

就社会价值导向而言，无疑能够加速物的流通，实现物尽其用的价值导向，更能满足社会的需要。依此而言，第一种观点、第三种观点均否定抵押物的物权变动效力，限制了抵押物的流通。第二种观点，在抵押权人同意的情形下，抵押物流通障碍消除，在抵押权人不同意的情形下，抵押物流通仍然受阻。只有采第四种观点，才能消除抵押物流通的障碍，实现物尽其用的价值取向。

综上所述，依据四面一体裁判法，对该案上述四个层面进行综合分析可知，第四种裁判观点即有效说最具说服力，也最有实益。

三、对二审裁判观点评析

在该案中,二审裁判观点可概括为:第一,未经抵押权人同意转让抵押物的,在抵押人承诺解除抵押物上的抵押权时,该承诺构成合同中的负担行为,即承担义务的行为,且确保了抵押权人的利益不受侵害,故该抵押物转让合同应为有效合同。第二,根据原《物权法》第 15 条的规定,当事人之间订立有关设立、变更、转让和消灭不动产物权的合同,除法律另有规定或者合同另有约定外,自合同成立时生效;未办理物权登记的,不影响合同效力。该规定确定了不动产物权变动的原因与结果相区分的原则。物权转让行为不能成就,并不必然导致物权转让的原因即债权合同无效。双方签订的《联合开发协议》及《补充协议》作为讼争土地使用权转让的原因行为,是一种债权形成行为,并非土地使用权转让的物权变动行为。相关法律关于未经通知抵押权人而导致物权转让行为无效的规定,其效力不应及于物权变动行为的原因行为。因为当事人可以在合同约定中完善物权转让的条件,使其转让行为符合法律规定。该案即属此种情形。

就二审法院认为该案抵押物转让合同有效的第一点理由来看,二审法院似乎将案涉抵押物转让合同定性为附条件的民事法律行为,又似乎是认为,该抵押物转让合同虽未经抵押权人同意,但由于抵押人承诺解除抵押物上的抵押权,该合同则应有效,在这里,“承诺负担解除抵押权”,成了合同有效的缘由。如按附条件的民事法律行为而论,这相当于认为当抵押人一旦解除抵押物上的抵押权,即条件成就时,抵押人与受让人签订的抵押物转让合同即生效(有效),这完全是附停止条件的民事法律行为在条件成就时的效力所致。[1] 其与抵押权人是否同意毫无关系,因为抵押权已消灭,抵押权人已无干预抵押人转让抵押物的任何正当理由。而当抵押人还没有解除抵押物上的抵押权,仅是承诺解除时,则该抵押物转让合同应不产生效力,因为,合同生效条件尚未成就。但就此种情形,二审法院却认为该抵押物转让行为有效,令人颇为费解。如依二审法院认为该抵押物转让合同,虽未经抵押权人同意,但由于抵押人“承诺负担解除抵押物上的抵押权”,则该抵押物转让应合同有效的观点来看,由于抵押人未实际履行其承诺,抵押物上抵押权并没有消除,那么其转让给受让人的仍然是抵押权人享有抵押权的抵押物,此时,这与抵押人未经抵押权人同意,也未向受让人承诺解除抵押权,而与受让人签订的抵押物转让合同没有任何不同。若“承诺负担解除抵押权”但又未履行该承诺的“未经抵押权人同意的抵押物转让合同”有效,“没有承诺负担解除抵押权,也未经抵押权人同意的抵押物转让合同”无效,那“作出承诺负担解除抵押权,但又不实际履行解除抵押权”岂不成了众人可为的规避“抵押权人”同意的法宝?

实质上,该案二审判决等于没阐述任何理由,直接认定了案涉未经抵押权人同意转让抵押物的合同有效,却绕了个弯子,避开了对“未经抵押权人同意转让抵押物的合同是否有效”进行正面回答。但须明确的是,二审法院认为“未经抵押权人同意转让

---

〔1〕 史尚宽:《民法总论》,中国政法大学出版社2000年版,第475页。

抵押物的合同”有效,并不是基于前述第四种观点(笔者观点)之理由,也异于第四种观点之“未经抵押权人同意转让抵押物,抵押物转让行为有效”的效力内容。因为第四种观点的效力内容既包括抵押物转让合同(债权合同)有效,也包括因抵押物转让合同的履行而发生的所有权变动之有效。而二审法院认为的“有效”,则是仅指抵押物转让之债权合同有效,而抵押物转让之物权合同无效。这从二审法院认为该案抵押物转让合同有效的第二点理由中可以得到确认。在第二点理由中,二审法院认为,“双方签订的《联合开发协议》及《补充协议》作为讼争土地使用权转让的原因行为,是一种债权形成行为,并非土地使用权转让的物权变动行为。相关法律关于未经通知抵押权人而导致物权转让行为无效的规定,其效力不应及于物权变动行为的原因行为。因为当事人可以在合同约定中完善物权转让的条件,使其转让行为符合法律规定。本案即属此种情形”。显然,这里的“相关法律”,指的是原《担保法》第 49 条第 1 款“抵押人未通知抵押权人或者未告知受让人的,转让行为无效”之规定。这就是说,二审法院认为,原《担保法》第 49 条第 1 款中规定的“转让行为无效”,指的是抵押物的物权变动行为无效或物权转让行为无效,而抵押人与受让人签订的抵押物转让之债权合同应有效。这里的“本案即属此种情形”也即在该案中,抵押人甲公司未经抵押权人 W 分行同意,而与受让人乙公司签订《联合开发协议》及《补充协议》转让抵押物,该种情形与二审法院认为的“《担保法》第 49 条第 1 款中的‘转让行为无效’,是指抵押物的物权变动行为无效或物权转让行为无效,而非指抵押物转让之债权合同无效，抵押物转让之债权合同仍应有效”的情形完全相同。因此，当事人双方签订的《联合开发协议》及《补充协议》因属抵押物转让之债权合同而有效，因该合同而引起的抵押物之物权转让行为应无效。在这里，可以清晰看出，二审法院实质上是将案涉抵押物转让合同等同于物权形式主义立法模式下的债权行为，将抵押物转让而引起的物权变动，等同于物权形式主义立法模式下的物权行为。并进而认为，抵押物转让未经抵押权人同意的法律后果是，抵押物转让债权合同有效，抵押物转让物权行为或物权变动应无效。

综上分析可知，二审法院认为案涉合同有效的主要理由与前述第三种观点完全一致。就抵押物转让法理而言，该观点因其否认抵押物物权变动效力，也即否认抵押权追及效力，与抵押物转让法理显然不合；就利益衡量而言，该观点重在对抵押权人的保护，对抵押物物权变动效力予以否定，等于限制了抵押人对抵押物的处分权能，也否定了受让人对抵押物所有权的取得，并使受让人承担已支付的抵押物价款不能返还的风险，抵押权人、抵押人、受让人三方利益失衡；自法律依据而言，该观点既存在对原《物权法》第 191 条法意的误读，也存在对原《担保法》第 49 条第 1 款的理解偏颇（因该法条中的“转让行为无效”既是对抵押物转让债权合同效力的否定，也是对抵押物转让物权变动效力的否定），更与原《物权法》所采物权变动的立法模式相背离；就价值导向而言，该观点否认抵押物转让之物权变动效力，阻碍抵押物流通，不能发挥物的最大效用，不能满足社会的需要。由此可知，该案二审裁判观点值得商榷。

案例 24 甲公司诉乙公司、王某等买卖合同纠纷案

案例引言

该案裁判结论可谓妥当,但一审、二审裁判结论均是以公司法人格否认之法理为支撑,类推适用《公司法》第 20 条第 3 款为法律依据,然依四面一体裁判法之法律适用,该案依据买卖合同法理,根据买卖合同法律的明确规定,亦可得出相同之裁判结论,而无须类推适用《公司法》第 20 条第 3 款,无须以公司法人格否认之法理为支撑。在此种情形下,哪种裁判方案更妥当?

基本案情

1999 年,丙公司登记成立,该公司原有 4 名股东,后变更为王某、倪某两人。丁公司成立于 2004 年,原有股东 3 人,后变更为王某、倪某 2 人。乙公司成立于 2005 年,原有股东 8 人,后变更为张某(占 90% 股份)、吴某(占 10% 股份)2 人,其中张某系王某之妻。公司人员方面,三公司的经理、财务负责人、出纳会计以及工商手续经办人均分别为同一个人。其中,王某是三公司的经理,凌某是三公司的财务负责人,卢某是三公司的出纳会计,张某甲是三公司的工商手续经办人。三公司的管理人员还存在交叉任职情形。其中,吴某既是乙公司的法定代表人,又担任丙公司的综合部行政经理。[1] 在公司业

〔1〕 江苏省徐州市中级人民法院民事判决书,(2009)徐民二初字第 0065 号。

务方面，三公司的经营范围均涵盖工程机械且部分重合，而丙公司的经营范围完全覆盖了乙公司的经营范围；丙公司系甲公司在四川地区的唯一经销商，但乙公司、丙公司、丁公司三公司均从事相关业务，并且相互间存在使用统一格式的《销售部业务手册》和《二级经销协议》情形；[1]在对外宣传中，三公司区分不明，使用相同的电话号码、传真号码等联系方式；公司财务方面，三公司共用同一结算账户，资金来源包括三公司的款项，对外支付依据仅为经理王某的签字；在乙公司为客户开具的收据上，有的加盖该公司财务专用章，有的加盖丁公司的财务专用章；在同甲公司均签订了合同、均有业务往来的情况下，2005 年 8 月，三公司共同向甲公司出具了一份说明，称丙公司因业务扩张，另行注册了两个公司，要求将全部债权债务、销售量计算在乙公司名下，并表示此后尽量以乙公司一个公司名义进行业务往来；2006 年 12 月，乙公司和丁公司联合向甲公司出具申请，以统一核算为由要求将当年业绩、账务均计算到乙公司名下。甲公司以清偿货款 10,511,710.71 元为由，将乙公司诉至法院，同时要求，丙公司、丁公司、王某及乙公司各位股东对此债务承担连带清偿

---

〔1〕 史留芳：《关联公司人格混同的认定和法律适用》，载《人民法院报》2012 年 7 月 26 日，第 6 版。

责任。[1]

法院裁判

一审法院经审理认为，乙公司、丙公司、丁公司三个公司人格混同，应对甲公司的债权承担连带清偿责任。没有证据证明，王某等股东的个人财产和公司财产存在混同，无法适用《公司法》第20条第3款的规定，使其承担责任。一审法院遂判决：乙公司、丙公司、丁公司三公司对甲公司的货款债权和逾期利息债权承担连带清偿责任；驳回甲公司对王某等股东的诉讼请求。[2] 一审判决后，丙公司、丁公司不服并提起上诉。

二审法院认为，乙公司、丙公司和丁公司三公司人员混同、业务混同、财务混同，进而导致各自财产无法区分，故已丧失独立人格，并构成人格混同。其中，乙公司应承担所有关联公司的债务，在无力清偿的情况下，又指使关联公司逃避巨额债务，严重侵害了债权人利益。丙公司和丁公司应当承担连带清偿责任，并据此驳回上诉，维持原判。[3]

一、案涉两种观点

结合该案乙公司、丙公司和丁公司三公司相互间无法厘清

---

〔1〕 史留芳：《关联公司人格混同的认定和法律适用》，载《人民法院报》2012年7月26日，第6版。

〔2〕 江苏省徐州市中级人民法院民事判决书，(2009)徐民二初字第0065号。

〔3〕 江苏省高级人民法院民事判决书，(2011)苏商终字第0107号。

其各自拖欠甲公司具体确定的货款金额,以及不能厘清的原因系该三公司在交易中本就无意分清各自交易金额之案件事实可知,对该案案涉货款债务,由三公司向甲公司承担连带清偿责任,于利益衡量层面未违利益平衡,于价值导向层面亦属正当。需讨论的是,在法理与在法律依据层面,有下述两种观点应推敲选择。

第一种观点正如一审、二审裁判观点一样,主张类推适用《公司法》第 20 条第 3 款"公司股东滥用公司法人独立地位和股东有限责任,逃避债务,严重损害公司债权人利益的,应当对公司债务承担连带责任"之规定,认定乙公司、丙公司、丁公司之三关联公司人格混同,应对拖欠甲公司的货款债务承担连带清偿责任。对此,有学者称,在公司法人格否认方面,该案例并非《公司法》第 20 条第 3 款所描述的典型案例。类推适用该条款,创造了一种公司间人格混同、承担连带责任的请求权基础。[1]

第二种观点是,该案根据买卖合同法律的明确规定,确认案涉货物买卖合同关系是该三关联公司共同与甲公司进行买卖交易的合同关系,该三公司作为货物共同买受人,应共同向甲公司承担支付货款的义务。

二、依四面一体裁判法对上述两种观点予以分析

第一,就公司法法理而言,公司法人格否认是指,"为阻止公

---

〔1〕 韩强:《法教义学在商法上的应用:以最高人民法院指导案例 15 号为研究对象》,载《北大法律评论》2014 年第 1 期。

司独立人格的滥用和保护公司债权人利益及社会公共利益，就具体法律关系中的特定事实，否认公司与其背后的股东各自独立的人格及股东的有限责任，责令公司的股东对公司债权人或公共利益直接负责，以实现公平、正义目标之要求而设置的一种法律措施”。[1] 在该制度中，需承担责任的主体一般是公司的股东。公司的关联公司能否成为“公司法人格否认”中的责任主体，学界对此有不同观点。有观点认为，公司法人格否认本身就是在特殊情况下，对公司独立法人人格的特殊处置，并非以常态而存在，只限股东与公司之间的关系，不应将关联公司扩大进来。对关联公司的规制，应另行立法予以规范，而不宜直接适用公司法人格否认制度。[2] 但也有观点认为，公司之间业务混同，尤其是集团公司内部的关联公司业务混同，系公司形骸化的重要表征。若公司之间利益一体化，股东将会把公司的盈利视为自己的财产一样，任意调用，要么将其转化为个人财产，要么将其转化为另一公司的财产。因为财产混同不能保证公司资本不变或资本维持，必将影响公司对外债务清偿的资产保障，对公司债权人的债权造成损害。[3] 因此，对关联公司也应适用公司法人格否认。笔者认为，公司法人格否认的法理，正如北沢正啓教授所言，“是指具有法人资格的公司，如果对其法人独立性予以认可，将会导致违反公平正义的结果，则在特定个案中否认公司

---

〔1〕 朱慈蕴：《公司法人格否认法理研究》，法律出版社 1998 年版，第 75 页。

〔2〕 王枫：《论公司法人人格否认在我国司法实践中的规范》，载《人民司法》2009 年第 17 期。

〔3〕 朱慈蕴：《论公司法人格否认法理的适用要件》，载《中国法学》1998 年第 5 期。

的独立性,根据其背后的实体来处理法律问题的法理”。[1] 由此,对关联公司人格混同之情形,适用公司法人格否认,吻合公司法人格否认的法理。若将其排除在公司法人格否认适用之外,在特定情形下,将会导致债权人的利益难以实现。故依第一种裁判观点,根据该三关联公司人员混同、业务混同、财务混同之事实,认定该三关联公司人格混同,从而对其类推适用公司法人格否认制度,对公司债权人的债权保护便捷有利,自有其一定法理基础。就第二种裁判观点而言,三关联公司与甲公司在交易过程中“其给甲公司出具的收据上,既可加盖乙公司的印章,也可加盖丁公司的印章,以及与甲公司签订的合同上,可用三关联公司中的任一公司名义”之事实表明,在与甲公司的买卖合同关系中,该三关联公司中的任一公司与甲公司的买卖交易,同时也是其他两公司的交易,这从该三公司共同向甲公司出具的说明中载明的“丙公司业务扩张而注册了乙公司、丁公司,所有债权债务、销售量均计算在乙公司名下,并表示今后尽量以乙公司名义进行业务往来”之内容中,可得到进一步印证。再结合三公司在人员、财务、业务方面也高度混合的案件事实,可以证明,在与甲公司的买卖合同交易中,该三关联公司已经达到“你的交易就是我的交易,我的买卖就是你的买卖”,抑或是“我就是你,你就是我”的高度一致程度。据此足可认定,案涉货物买卖合同是该三关联公司共同与甲公司发生的买卖交易关系,也即在该合

---

〔1〕[日]北沢正啓:《会社法》,青林书院 1998 年版。转引自金洪玉:《公司法人格否认的制度困境与类型化分析》,载《暨南学报(哲学社会科学版)》2012 年第 11 期。

同关系中,甲公司是货物出卖人一方,该三关联公司可认定为货物共同买受人一方。就合同法法理层面而言,在货物买卖合同中,多个买受人作为共同的买方主体,系属买卖交易常态,与买卖合同法法理十分吻合。由此可知,该两裁判结论都有其法理基础,一个是公司法人格否认之法理,另一个是共同买受人之法理。

第二,就利益衡量而言,在该案中,三公司相互间无法厘清其各自拖欠甲公司的货款金额,不能厘清的原因,又是该三公司在交易中本就无意分清各自交易金额。在此种情形下,无论是将该三公司作为共同买受人,依原《合同法》相关规定,使其共同承担向甲公司清偿货款的责任,还是类推适用《公司法》中的公司法人格否认制度,使其对甲公司未获清偿的货款承担连带清偿责任,均不会导致当事人各方利益失衡。

第三,就价值导向而言,"欠债还钱"天经地义,该案由三公司清偿其拖欠的货款债务,无论是其作为买卖合同的共同买受人,适用原《合同法》相关规定予以裁判,还是否定其公司法人人格,类推适用《公司法》第 20 条第 3 款进行裁判,其社会价值导向均为正面。

第四,就法律依据而言,第一种裁判观点需对《公司法》第 20 条第 3 款进行类推适用,才能找到法律依据,而第二种裁判观点却无须类推适用,直接适用原《合同法》第 159 条(现为《民法典》第 626 条所承继)、第 161 条(现为《民法典》第 628 条所承继)、第 107 条(现为《民法典》第 577 条所承继)的规定,由该三公司承担违约责任即可。

由上述分析可知，该两种裁判观点经四面一体裁判法之检验，其共同之处在于，均属“内蕴法理依据，利益考量衡平，价值导向正面”之裁判结论情形。不同之处在于，该两种裁判观点在法理层面、法律依据层面有较大差异。该两种裁判观点哪种更为妥当、更为可取，一方面，应看哪种裁判观点与该案事实更契合，更有说服力；另一方面，应遵循“如有明确规定，则应适用明确规定，若无明确规定则应适用法解释后的法律规定”之法律适用原则。

笔者认为，第二种裁判观点更有说服力。因为在事实层面，该三公司在与甲公司交易中，既然不分彼此名义，自然可认定为共同买受人，适用原《合同法》第 159 条、第 161 条、第 107 条的规定予以裁判。此外，根据该三公司人格混同之事实，亦可逻辑地、自然地推出“该三公司为共同买受人”的合理结论。因此，根据该案事实，将乙公司、丙公司、丁公司认定为共同买受人，依买卖合同上述明确的法律规定予以裁判，不存在法律适用障碍。在该案所涉纠纷能够依买卖合同的相关明确规定予以裁判的情形下，抛却该明确的法律规定不予适用，却运用法律解释的方法类推适用《公司法》第 20 条第 3 款，对其进行漏洞补充后而予适用，这种法律适用方法明显有违法律漏洞补充应遵循的法律解释原则。因为法官对法律漏洞补充，只能是在法律适用过程中，发现已有法律规定存在真正的法律漏洞时，才能予以漏洞补充。倘若已有法律规定明确，则不存在法律漏洞补充的余地。更何况，《公司法》第 20 条第 3 款本身的法律适用，因事关对股东有限责任的否定，而股东有限责任又是有限责任公司的基础和支柱。[1] 故而，无论是在学界，还是司法实务中，对该法律条款的适用，均持“慎重适用”的态度。这里的“慎重适用”是指，若在个案中无法以除该法条之外的其他现有法律制度及合同的合理解释来裁判案涉纠纷，便以该法律条款作为最后的救济手段来予以适用。[2] 该法条本身的法律适用尚且如此，对该法条的类推适用则更须慎重。综上，第一种裁判观点中的“法律依据”没有第二种裁判观点中的“法律依据”妥当。再根据四面一体裁判法各层面对该两种裁判观点检验的结果，进行全面比对，综合分析，则即可得出，该案法律适用采第二种裁判观点更妥适。

此外，该案裁判类推适用《公司法》第 20 条第 3 款，还存在其他两个问题需进一步讨论。第一，假使对该案确有必要类推适用《公司法》第 20 条第 3 款，那么，该案中的责任主体，是否符合公司法人格否认责任构成要件中的主观要件？根据《公司法》第 20 条第 3 款的规定，股东“逃避债务”属动机性规定，具备这一动机的股东，其主观过错应是故意，过失将不构成该责任类型。而在该案中，从该三公司共同向甲公司出具的说明及申请的内容来看，该三公司是在向甲公司声明“其在与甲公司交易中存在彼此名义不分的事实”，同时，其要求甲公司，“将其交易以乙公司的名义进行”。该声明和要求表明，该三公司对其彼此名

---

〔1〕 孟勤国、张素华：《公司法人人格否认理论与股东有限责任》，载《中国法学》2004 年第 3 期。

〔2〕 金洪玉：《公司法人格否认的制度困境与类型化分析》，载《暨南学报（哲学社会科学版）》2012 年第 11 期。

义不分的交易方式对甲公司是公开的,其并未向甲公司隐瞒,同时,也是征得甲公司同意的,其并未有意否定“其他两公司参与交易的真实性”,也即该证据不能证明该三公司存有“借乙公司之名”而“恶意逃债”的故意。相反,却能印证案涉买卖交易是该三公司共同与甲公司的交易,而非哪一个公司的单独交易。至于其此后的欠债不还,只能证明其违约,而不能以此否定双方交易过程中的真实情形。由此可知,在该案中,对三公司类推适用公司法人格否认法律规定,欠缺公司法人格否认责任构成要件中的主观要件。第二,倘若该案三关联公司完全符合类推适用公司法人人格否认的构成要件,那么,王某是否应连带承担该案债务清偿责任则值得推敲。一审、二审均认为,“在没有证据证明王某等股东的个人财产与公司财产存在混同的情况下,不能适用《公司法》第 20 条第 3 款的规定,使其承担责任”。在该案中,王某作为该三关联公司的股东,是导致该三关联公司人格混同的实际实施人,虽然没有证据证明,其使该三公司的财产与其个人财产直接发生混同,但其使乙公司的财产与丙公司、丁公司的财产发生了混同,而其在乙公司、丙公司、丁公司中均享有股份(其中,在乙公司中,王某虽不是登记股东,但其妻子张某名下登记有 90% 的股份,应属夫妻共同股份)。丙公司、丁公司与乙公司发生财产混同,资金流向丙公司、丁公司,丙公司、丁公司财产必然增多,王某的股份自然保值或升值,乙公司则成为空壳而不能清偿到期债务,受益人仍然是王某,这无疑等于乙公司的财产与王某个人财产发生混同,而使公司债权人利益受损。由此,依据《公司法》第 20 条第 3 款的规定,对乙公司应予向甲公司清偿的货款债务,王某亦应承担连带清偿责任。虽然,也有观点认为,如果关联公司的法人人格被否定,关联公司中的所有公司被视为一个公司对待,由其共同承担连带责任,而关联公司的共有股东并不对公司债务承担清偿责任。[1] 这也确属关于公司法人格否认的一种理论观点,但根据我国《公司法》第 20 条第 3 款的规定,该观点则难以成立。因《公司法》第 20 条第 3 款的适用,其责任主体正是针对滥用公司法人独立地位和股东有限责任的股东而言的,而王某既是该三关联公司之共同股东,又是该三关联公司责任财产发生混同的直接实施者,若对其免责,则明显与该法律条款的规定不合。

本章结语

在案件裁判过程中,四面一体裁判法,一头连接着以"案件裁判的法律适用,应以现有民商事法源为依据,以法律解释为手段,追求法律效果与社会效果相统一的最妥当的裁判结论"为思维取向的崇法型裁判思维模式;另一头连接着准确的民商事法律适用或最妥当的案件裁判结论。法官只有内心秉持崇法型裁判思维模式,并熟练运用四面一体裁判法,才能熟谙民商事法律适用之道,得出使内心踏实的、最妥当的裁判结论。

---

〔1〕 施天涛:《公司法论》(第 2 版),法律出版社 2006 年版,第 33 页。

参考文献

一、中文著作

1. 曹艳春:《雇主替代责任研究》,法律出版社 2008 年版。

2. 陈本寒:《担保物权法比较研究》,武汉大学出版社 2003 年版。

3. 陈华彬:《民法总论》,中国法制出版社 2011 年版。

4. 陈历幸:《民法的理念与运作》,上海人民出版社 2005 年版。

5. 陈卫佐:《德国民法总论》,法律出版社 2007 年版。

6. 程啸:《担保物权研究》,中国人民大学出版社 2017 年版。

7. 董安生:《民事法律行为》,中国人民大学出版社 2002 年版。

8. 方志平:《民法思维》,中国政法大学出版社 2016 年版。

9. 葛洪义:《法与实践理性》,中国政法大学出版社 2002 年版。

10. 郭卫华:《“找法”与“造法”——法官适用法律的方法》,法律出版社2005年版。

11. 韩世远:《合同法总论》,法律出版社2018年版。

12. 何勤华:《新中国民法典草案总览》,北京大学出版社2017年版。

13. 何勤华主编:《西方法学名著述评》,武汉大学出版社2007年版。

14. 胡长清:《中国民法债编总论》,商务印书馆1934年版。

15. 胡建淼:《法律适用学》,浙江大学出版社2010年版。

16. 胡启忠:《契约正义论》,法律出版社2007年版。

17. 黄茂荣:《法学方法与现代民法》(第5版),法律出版社2007年版。

18. 黄茂荣:《债法各论》(第1册),中国政法大学出版社2004年版。

19. 黄茂荣:《债法总论》(第2册),中国政法大学出版社2003年版。

20. 黄茂荣、梅仲协:《民法要义》,中国政法大学出版社1998年版。

21. 季卫东:《法律程序的意义》,中国法制出版社2004年版。

22. 季卫东:《正义思考的轨迹》,法律出版社2008年版。

23. 孔祥俊:《法律规范冲突的选择适用与漏洞填补》,人民法院出版社2004年版。

24. 孔祥俊:《司法理念与裁判方法》,法律出版社2005

年版。

25. 孔祥俊:《司法哲学与裁判方法》,人民法院出版社 2010 年版。

26. 寇志新:《民法总论》,中国政法大学出版社 2000 年版。

27. 李建华、彭诚信:《民法总论》,吉林大学出版社 1998 年版。

28. 李龙主编:《良法论》,武汉大学出版社 2005 年版。

29. 李其瑞:《法学研究与方法论》,山东人民出版社 2005 年版。

30. 李少伟:《合同法理论与实务》,法律出版社 2018 年版。

31. 李双元、温世扬:《比较民法学》,武汉大学出版社 1998 年版。

32. 李锡鹤:《民法哲学论稿》,复旦大学出版社 2000 年版。

33. 李新天:《违约形态比较研究》,武汉大学出版社 2005 年版。

34. 梁慧星:《裁判的方法》,法律出版社 2012 年版。

35. 梁慧星:《民法解释学》,中国政法大学出版社 2007 年版。

36. 林诚二:《民法理论与问题研究》,中国政法大学出版社 1999 年版。

37. 林诚二:《民法总则》,法律出版社 2008 年版。

38. 林诚二:《民法总则讲义》,台北,瑞兴图书股份有限公司 1995 年版。

39. 刘凯湘:《民法总论》,北京大学出版社 2008 年版。

40. 刘文科:《商事代理法律制度论》,法律出版社 2013 年版。

41. 刘星:《西方法律思想导论》,法律出版社 2007 年版。

42. 刘云生:《中国不动产法研究》,法律出版社 2018 年版。

43. 卢谌:《德国民法专题研究》,法律出版社 2008 年版。

44. 吕世伦:《法理的积淀与变迁》,法律出版社 2001 年版。

45. 吕忠梅:《法眼观庭》,北京大学出版社 2006 年版。

46. 马军:《法官的思维与技能》,法律出版社 2010 年版。

47. 马俊驹、余延满:《民法原论》,法律出版社 2007 年版。

48. 梅仲协:《民法要义》,中国政法大学出版社 1998 年版。

49. 孟勤国、张里安:《物权法》,湖南大学出版社 2006 年版。

50. 孟勤国:《物权二元结构论——中国物权制度的理论重构》,人民法院出版社 2004 年版。

51. 庞景玉:《最高人民法院合同法司法解释精释精解》,中国法制出版社 2016 年版。

52. 强世功:《立法者的法理学》,生活、读书、新知三联书社 2007 年版。

53. 沈志先主编:《法官自由裁量精义》,法律出版社 2014 年版。

54. 史尚宽:《民法各论》,中国政法大学出版社 2000 年版。

55. 史尚宽:《民法总论》,中国政法大学出版社 2000 年版。

56. 史尚宽:《债法总论》,中国政法大学出版社 2000 年版。

57. 舒国滢:《法学方法论问题研究》,中国政法大学出版社 2007 年版。

58. 苏永钦:《民事立法与公私法的接轨》,北京大学出版社 2005 年版。

59. 眭鸿明:《权利确认与民法机理》,法律出版社 2003 年版。

60. 佟柔主编:《民法原理》,法律出版社 1983 年版。

61. 王洪亮:《债法总论》,北京大学出版社 2016 年版。

62. 王立争:《民法基本原则专论》,安徽大学出版社 2010 年版。

63. 王利明:《法律解释学导论:以民法为视角》,法律出版社 2009 年版。

64. 王纳新:《法官的思维》,法律出版社 2005 年版。

65. 王卫国主编:《民法》,中国政法大学出版社 2007 年版。

66. 王卫国主编:《中国民法典论坛》,中国政法大学出版社 2006 年版。

67. 王泽鉴:《民法思维:请求权基础理论体系》,北京大学出版社 2009 年版。

68. 王泽鉴:《民法学说与判例研究》,中国政法大学出版社 1998 年版。

69. 王泽鉴:《民法总则》,中国政法大学出版社 2001 年版。

70. 王泽鉴:《损害赔偿》,北京大学出版社 2017 年版。

71. 沃耘:《民事自助行为研究》,法律出版社 2012 年版。

72. 吴从周:《概念法学、利益法学与价值法学》,中国法制出版社 2011 年版。

73. 吴庆宝主编:《法律判断与裁判方法》,中国民主法制出版社 2009 年版。

74. 徐国栋:《民法哲学》,中国法制出版社 2009 年版。

75. 杨建军:《裁判的经验与方法》,山东人民出版社 2010 年版。

76. 杨仁寿:《法学方法论》,中国政法大学出版社 1999 年版。

77. 易继明:《私法精神与制度选择》,中国政法大学出版社 2003 年版。

78. 尹田:《民法典总则之理论与立法研究》,法律出版社 2010 年版。

79. 于雪锋:《侵权法可预测性规则研究》,北京大学出版社 2017 年版。

80. 余延满:《合同法原论》,武汉大学出版社 1999 年版。

81. 俞江:《近代中国民法学中的私权理论》,北京大学出版社 2003 年版。

82. 詹森林:《民事法理与判决研究》,中国政法大学出版社 2002 年版。

83. 张广兴:《债法总论》,法律出版社 1997 年版。

84. 张俊浩主编:《民法学原理》,中国政法大学出版社 2000 年版。

85. 张利春:《日本民法解释学中的利益衡量理论研究》,法律出版社 2013 年版。

86. 张文显:《二十世纪西方法哲学思潮研究》,法律出版社 2006 年版。

87. 张新宝:《侵权责任构成要件研究》,法律出版社 2007 年版。

88. 赵万一、吴晓锋:《商事思维下的公司法实务研究》,中国法制出版社 2009 年版。

89. 郑成良:《法律之内的正义》,法律出版社 2002 年版。

90. 郑玉波:《民法债编总论》,中国政法大学出版社 2003 年版。

91. 郑玉波主编:《民法债编论文选辑》,台北,五南图书出版股份有限公司 1984 年版。

92. 郑云端:《合同法学》,北京大学出版社 2018 年版。

93. 周枏:《罗马法原论》,商务印书馆 2001 年版。

94. 朱广新:《合同法总则研究》,中国人民大学出版社 2018 年版。

95. 朱晓喆、唐启光:《民法基本原理研究》,中国方正出版社 2005 年版。

二、中文译著

1. [德]C. W. 卡纳里斯:《德国商法》,杨继译,法律出版社 2006 年版。

2. [德]G. 拉德布鲁赫:《法哲学》,王朴译,法律出版社 2005 年版。

3. [德]K. 茨威格特、H. 克茨:《比较法总论》,潘汉典等译,法律出版社 2003 年版。

4. [德]N. 霍恩:《法律科学与法哲学导论》,罗莉译,法律出版社 2005 年版。

5. [德]迪特尔·梅迪库斯:《德国民法总论》,邵建东译,法律出版社 2000 年版。

6. [德]迪特尔·梅迪库斯:《德国民法总论》,邵建东译,法律出版社 2004 年版。

7. [德]迪特尔·梅迪库斯:《德国债法分论》,杜景林、卢谌译,法律出版社 2007 年版。

8. [德]迪特尔·梅迪库斯:《德国债法总论》,杜景林、卢谌译,法律出版社 2004 年版。

9. [德]弗朗茨·维亚克尔:《近代私法史——以德意志的发展为观察重点》,陈爱娥、黄建辉译,上海三联书店 2006 年版。

10. [德]海因·克茨:《欧洲合同法》,周忠海、李居迁、宫立云译,法律出版社 2001 年版。

11. [德]黑格尔:《法哲学原理》,范扬、张企泰译,商务印书馆 1961 年版。

12. [德]卡尔·恩吉施:《法律思维导论》,郑永流译,法律出版社 2004 年版。

13. [德]卡尔·拉伦茨:《德国民法通论》,王晓晔、邵建东、程建英、徐国建、谢怀栻译,法律出版社 2003 年版。

14. [德]卡尔·拉伦茨:《法学方法论》,陈爱娥译,商务印书馆 2004 年版。

15. [德]考夫曼:《法律哲学》,刘幸义等译,法律出版社 2004 年版。

16. [德]拉德布鲁赫:《法学导论》,米健、朱林译,中国大百科全书出版社 1997 年版。

17. [德]莱茵哈德·齐默曼、[英]西蒙·惠特克:《欧洲合同法中的诚信原则》,丁广宇等译,法律出版社 2005 年版。

18. [德]赖因哈德·齐默尔曼:《罗马法、当代法与欧洲法》,常鹏翱译,北京大学出版社 2009 年版。

19. [德]罗尔夫·克尼佩尔:《法律与历史》,朱岩译,法律出版社 2003 年版。

20. [德]施瓦布:《民法导论》,郑冲译,法律出版社 2006 年版。

21. [法]保罗·利科:《论公正》,程春明译,法律出版社 2007 年版。

22. [法]盖斯旦、古博:《法国民法总论》,陈鹏等译,法律出版社 2004 年版。

23. [法]卢梭:《社会契约论》,何兆武译,商务印书馆 1980 年版。

24. [古罗马]优士丁尼:《法学阶梯》,徐国栋译,中国政法大学出版社 2005 年版。

25. [美]E. 博登海默:《法理学:法律哲学与法律方法》,邓正来译,中国政法大学出版社 2004 年版。

26. [美]本杰明·N. 卡多佐:《法律的成长　法律科学的悖论》,董炯、彭冰译,中国法制出版社 2002 年版。

27. [美]本杰明·N. 卡多佐:《司法过程的性质》,苏力译,商务印书馆 2001 年版。

28. [美]伯纳德·施瓦茨:《美国法律史》,王军等译,法律出版社 2007 年版。

29. [美]富勒:《法律的道德性》,郑戈译,商务印书馆 2005 年版。

30. [美]格兰特・吉尔莫:《美国法的时代》,董春华译,法律出版社 2009 年版。

31. [美]格兰特・吉尔莫:《契约的死亡》,曹士兵、姚建宗、吴巍译,中国法制出版社 2005 年版。

32. [美]理查德・A. 波斯纳:《超越法律》,苏力译,中国政法大学出版社 2001 年版。

33. [美]理查德・A. 波斯纳:《法理学问题》,苏力译,中国政法大学出版社 2002 年版。

34. [美]理查德・A. 波斯纳:《英国和美国的法律及法学理论》,郝倩译,北京大学出版社 2010 年版。

35. [美]理查德・波斯纳:《法官如何思考》,苏力译,北京大学出版社 2009 年版。

36. [美]卢埃林:《普通法传统》,陈旭纲等译,中国政法大学出版社 2002 年版。

37. [美]罗伯特・萨默斯:《大师学述:富勒》,马驰译,法律出版社 2010 年版。

38. [美]迈克尔・D. 贝勒斯:《法律的原则——一个规范的分析》,张文显等译,中国大百科全书出版社 1995 年版。

39. [美]迈克尔・桑德尔:《公正:该如何做是好?》,朱慧玲译,中信出版社 2011 年版。

40. [美]麦克尼尔:《新社会契约论》,雷喜宁译,中国大百科全书出版社 2002 年版。

41. [美]庞德:《通过法律的社会控制 · 法律的任务》,沈宗灵、董世忠译,商务印书馆 1984 年版。

42. [美]乔迪 · S. 克劳斯、斯蒂文 · D. 沃特:《公司法和商法的法理基础》,北京大学出版社 2005 年版。

43. [美]约翰 · 亨利 · 梅里曼:《大陆法系》,顾培东、禄正平译,法律出版社 2004 年版。

44. [美]詹姆斯 · 戈德雷:《私法的基础:财产、侵权、合同和不当得利》,张家勇译,法律出版社 2007 年版。

45. [葡]Carlos Alberto da Mota Pinto:《民法总论》(第 3 版),林炳辉等译,澳门大学法学院出版社 1999 年版。

46. [葡]叶士朋:《欧洲法学史导论》,吕平义、苏健译,中国政法大学出版社 1998 年版。

47. [日]大木雅夫:《比较法》,范愉译,法律出版社 2006 年版。

48. [日]宫本英雄:《英吉利法研究》,骆通译,中国政法大学出版社 2004 年版。

49. [日]近江幸治:《担保物权法》,祝雅、王卫军、房兆融译,法律出版社 2000 年版。

50. [日]内田贵:《契约的再生》,胡宝海译,中国法制出版社 2005 年版。

51. [日]四宫和夫:《日本民法总则》,唐晖、钱孟珊译,台北,五南图书出版股份有限公司 1995 年版。

52. [英]巴里 · 尼古拉斯:《罗马法概论》,黄风译,法律出版社2004年版。

53.［英］彼得·斯坦、约翰·香德:《西方社会的法律价值》,王献平译,中国法制出版社2004年版。

54.［英］丹尼斯·基南:《斯密斯和基南英国法》,陈宇、刘坤轮译,法律出版社2008年版。

55.［英］密尔松:《普通法的历史基础》,李显冬等译,中国大百科全书出版社1999年版。

56.朱岩编译:《德国新债法条文及官方解释》,法律出版社2003年版。

三、期刊析出文献

1.艾佳慧:《司法知识与法官流动——一种基于实证的分析》,载《法制与社会发展》2006年第4期。

2.陈洪杰:《论法律续造的方法》,载《法律科学(西北政法大学学报)》2010年第6期。

3.陈金钊等:《关于“法理分析”和“法律分析”的断思》,载《河南省政法管理干部学报》2004年第1期。

4.陈苇、段燕:《中国法学会婚姻家庭法学研究会2012年年会综述》,载《西南政法大学学报》2013年第2期。

5.陈贤贵:《克制抑或能动——我国当下应当奉行什么样的司法哲学》,载《内蒙古社会科学(汉文版)》2009年第2期。

6.陈永强、王建东:《论抵押物转让的法律效果——以对我国〈物权法〉第19条的解释为中心》,载《政治与法律》2009年第9期。

7. 崔建远:《中国债法的现状与未来》,载《法律科学(西北政法大学学报)》2013 年第 1 期。

8. 范愉:《诉前调解与法院的社会责任》,载《法律适用》2007 年第 11 期。

9. 范忠信:《遗产赠与的伦理与法理——杭州“小保姆受遗赠案”的几点分析》,载《河南省政法管理干部学院学报》2002 年第 1 期。

10. 傅海鑫:《权利在能动司法中衡平　论非机动车过错责任之认定》,载《法律适用》2009 年第 3 期。

11. 韩强:《法教义学在商法上的应用——以最高人民法院指导案例 15 号为研究对象》,载《北大法律评论》2014 年第 1 期。

12. 胡学军、涂书田:《司法判案中的隐形知识及其意义》,载《法治论坛》2008 年第 5 期。

13. 孔祥俊:《论裁判的逻辑标准与政策标准》,载《法律适用》2007 年第 9 期。

14. 孔祥俊:《论两个效果统一与防止机械司法——以知识产权审判为例的方法论思考》,载《人民司法》2008 年第 19 期。

15. 李杰:《法官“机械司法”的博弈分析》,载《法律和社会科学》2012 年第 00 期。

16. 梁上上、贝金欣:《抵押物转让中的利益衡量与制度设计》,载《法学研究》2005 年第 4 期。

17. 梁迎修:《寻求一种温和的司法能动主义——论疑难案件中法官的司法哲学》,载《河北法学》2008 年第 2 期。

18. 梁治平:《法治进程中的知识转变》,载《读书》1998 年第

1 期。

19. 刘贵祥:《公司担保与合同效力》,载《法律适用》2012 年第 7 期。

20. 刘书星:《对规则外能动司法的调查研究——以超越规则的执行为例》,载《司法改革评论》2007 年第 1 期。

21. 刘学智:《司法能动性的价值功能与限度——司法能动主义中国本土化之思考》,载《山东审判》2007 年第 3 期。

22. 刘作翔、徐景和:《案例指导制度的理论基础》,载《法学研究》2006 年第 3 期。

23. 苗金春:《法律实用主义的进路及其贡献——司法能动主义的理论渊源》,载《学术界》2008 年第 4 期。

24. 钱玉林:《公司法第 16 条的规范意义》,载《法学研究》2011 年第 6 期。

25. 钱玉林:《寻找公司担保的裁判规范》,载《法学》2013 年第 3 期。

26. 苏力:《经验地理解法官的思维和行为——波斯纳〈法官如何思考〉译后》,载《北方法学》2009 年第 1 期。

27. 苏力:《判决书的背后》,载《法学研究》2001 年第 3 期。

28. 苏力:《司法制度的合成理论》,载《清华法学》2007 年第 1 期。

29. 孙笑侠、熊静波:《判决与民意——兼比较考察中美法官如何对待民意》,载《政法论坛》2005 年第 5 期。

30. 孙笑侠:《中国传统法官的实质性思维》,载《浙江大学学报(人文社会科学版)》2005 年第 4 期。

31. 谭启平:《不法原因给付及其制度构建》,载《现代法学》2004 年第 6 期。

32. 谭融:《试析美国的司法能动主义》,载《天津师范大学学报》2003 年第 6 期。

33. 王金红:《案例研究法及其相关学术规范》,载《同济大学学报(社会科学版)》2007 年第 6 期。

34. 吴从周:《论民法第一条之"法理"——最高法院相关民事判决判例综合整理分析》,载《东吴大学法律学报》第 15 卷第 2 期。

35. 许德风:《不动产一物二卖问题研究》,载《法学研究》2012 年第 3 期。

36. 薛军:《"民法—宪法"关系的演变与民法的转型》,载《中国法学》2010 年第 1 期。

37. 杨玉泉:《民事案例分析的基本方法与法律思维——请求权—法律关系双向分析法》,载《成都行政学院学报(哲学社会科学)》2006 年第 4 期。

38. 张琪:《试论指导性案例的"指导性"》,载《法制与社会发展》2007 年第 6 期。

39. 张维:《影响法官裁判的民意因素分析》,载《江苏大学学报(社会科学版)》2007 年第 3 期。

40. 周伦军:《公司对外提供担保的合同效力判断规则》,载《法律适用》2014 年第 8 期。

41. 朱晓娟:《论我国公司担保制度的规范属性与司法适用——对公司法第 16 条规定的解析与适用》,载《中国政法大学学报》2012 年第 5 期。

四、文集析出文献

1. 陈金钊:《法官司法的克制主义姿态及其范围》,载陈金钊、谢晖主编:《法律方法》,山东人民出版社 2008 年版。

2. 葛洪义:《法律方法的性质与作用——兼论法律的结构及其客观性》,载葛洪义主编:《法律方法与法律思维》第 3 辑,中国政法大学出版社 2005 年版。

3. 李秀群:《司法过程中的利益平衡》,载陈金钊、谢晖主编:《法律方法》第 2 卷,山东人民出版社 2003 年版。

五、报纸析出文献

1. 陈忠林:《中国法治应该怎样向前走》,载《经济观察报》2008 年 7 月 21 日,第 39 版。

六、网络文献

1. 吕忠梅:《论法官的法律思维特性》,载 110 法律咨询网 2005 年 2 月 18 日,http://www.110.com/ziliao/article-20806.html。

2. 袁定波:《王胜俊:人民法院必须要牢牢把握住社情民意》,载中国法院网 2008 年 11 月 1 日,https://www.chinacourt.org/article/detail/2008/11/id/329187.shtml。

后　记

2003年我从西北政法学院（现西北政法大学）民商法专业硕士研究生毕业后，怀揣对民商事法律适用的浓厚兴趣，带着对民商事案件裁判工作的无限期待和向往，到佛山市中级人民法院工作。经短暂执行工作后，便开始了我心仪的民商事案件裁判，一干10多年。其间，常困惑、煎熬、焦灼于无数个民商事案件疑难，常不断思索、推敲，竭力突破疑难的束缚与困扰。有时感觉答案好近，触手可及，可动真抉择时，又感觉答案很远，影幻缥缈。法官间亦常争论得面红耳赤，甚至不欢而散。热烈争论与激辩中，有的坚持法律，但结论扭曲常理；有的结论可赞，却无法律根据；有的抱怨法律不明确，不能解决现实问题。场场讨论，结论各异，说服不易。面对此，我常困惑：什么样的裁判结论才最妥当？法官应秉持什么样的裁判思维才能使相互间的讨论、交流共处同一平台而能深入展开？法律真的不能解决现实问题吗？案件裁判结论统一的奥秘在哪里？

带着这些问题，我开始深入研究自己承办的或参与讨论的大量民商事案件,尤其是那些疑难复杂案件,开始反思、梳理在这些案件处理过程中,我是经过怎样的思考、推敲,秉持怎样的思维逻辑、思维取向,才逐渐坚挺或坚定了一种观点,又是从哪些方面说服了其他法官接受这种观点,抑或是说服中改变了原已确定的裁判观点。经成百上千疑难案件的事磨与浸泡,历无数次反复的体验与体悟,终提出了法官应有的裁判思维模式——崇法型裁判思维模式,觅得了法官寻求最妥当结论的裁判方法——四面一体裁判法,总结了“三个坚信”的案件裁判法律适用观。并且,将它作为我在武汉大学法学院攻读民商法专业博士研究生的毕业论文,本书就是在这篇法学博士学位论文的基础上修改而成的。法官只有秉持这种裁判思维模式、裁判方法及法律适用观,对案件的深度讨论、深入交流才能有效进行。哪种裁判观点最妥当,主要看哪种观点法理最贴切,法律依据最精准,利益取舍最衡平,价值导向最正当。这样,我们便会惊喜地发现,在那些经激烈争辩胜出而被公认最妥当的裁判观点中,民商法法理熠熠生辉而并非沉寂,法律适用的技艺原来如此实在而不玄虚,法律条文如此生动,社会伦理常情、正义公平在案件上空尽情欢呼跳跃,惬意舒展。一幅好美的动人的民商法适用画卷!此时,疑难案件便不再疑难,复杂案件亦不复复杂,全是“美案”与“魅案”!我们还会惊喜地发现,秉持这种裁判思维模式及裁判方法,由于法官思维取向一致,不再偏执司法机械,不再偏好感性司法,案件裁判结论才会有趋向统一的可能与保障。

本书选取的真实案例(为叙述方便,部分案例略有改动)分析,旨在揭示、阐释崇法型裁判思维模式及四面一体裁判法的实践运用,旨在展示在疑难案件中如何寻求最妥当结论的裁判方法。案例中所持观点是否精准,案例中所谓“最妥当的结论”是否最妥当,可能仍会有争议,甚至有错疏,但可预期的是,如果有更妥当的观点,那一定是在法理、法律、利益衡量、价值导向四个层面上有更独到精致的见解,一定符合崇法型裁判思维模式及四面一体裁判法的方法运用,笔者观点即为抛砖引玉,这些真知灼见会更让人欣喜与期待。

立法可以不完美,但用法必须要到位。只有通过个个生动复杂的案例,对法律进行正确的诠释及适用,法律的生命力才能得以维系,法律的制度魅力才能得以充分展示,社会伦理常情、正义公平才能得以彰显,刚硬的法条才会变得灵动和鲜活,立法亦能借此得以发展和完善。德国比较法权威学者拉贝尔所言的“有法律而无相关判决,犹如仅有骨骼而无肌肉”,[1]强调的也正是法律适用和司法判决的重要性。衷心期待本书关于裁判思维模式及裁判方法的探索,对法官案件裁判有所助益。

完稿之际,倚窗而立,回忆成书过程,内心盈满无尽感动、感谢与感激。感激我博士研究生导师张里安教授,感谢他对我的专业提点,使我对民商法的理解更精进!感谢他对我写作本书的鼓励和支持!感激我硕士研究生导师寇志新教授,感谢他老人家至纯至正的法实践理念对我的熏陶、教诲与影响!老师仙逝已三年有余,是我内心永远的爱戴和缅怀!感激我硕士研究

〔1〕［德］恩斯特·拉贝尔:《识别问题》,薛童译,载《比较法研究》2014 年第 4 期。

生导师韩松教授,感谢他不时给我指点迷津,破解心中困惑!感激上海交通大学凯原法学院院长孔祥俊,感谢他繁忙之中拨冗为本书作序,使我对法律适用研究倍感激励与鼓舞!感激我法官职业中的诸多同事,感激我那些心怀赤诚、庄敬法律的挚友亲朋,感谢他们和我面对疑难时的激烈争辩与真切交流,使问题越来越明朗!最后要深深感激养育我、期待我、默默支持我的母亲、姐姐和爱人,感恩她们永远的爱和包容!

安建须

2021 年 3 月 14 日